自然の材料と昔の道具

1

竹でつくる

深光富士男 著

さ・え・ら書房

はじめに

昔《むかし》は、身近《みぢか》にあった自然《しぜん》の材料《ざいりょう》から
多くの道具《どうぐ》が作られていました

みなさんが、今日、家や学校で、手にした道具《どうぐ》をいくつか思い出してみてください。それらは、何の材料《ざいりょう》からできていますか？　プラスチック？　それとも、鉄《てつ》などの金属《きんぞく》ですか？

同じ質問《しつもん》を、昭和《しょうわ》のはじめごろまでの昔《むかし》の子どもにしたら、どうでしょう。きっと、かなりちがった答えが返《かえ》ってくると思います。そう、昔《むかし》は、多くの道具《どうぐ》が、身近《みぢか》にあった自然《しぜん》の材料《ざいりょう》から作られていたのです。

この「自然《しぜん》の材料《ざいりょう》と昔《むかし》の道具《どうぐ》」では、昔《むかし》から、とくに多く使《つか》われてきた「竹」「わら」「木」「和紙《わし》」を取り上げ、これらの材料《ざいりょう》から道具《どうぐ》が作られるまでを紹介《しょうかい》しています。

これらの材料《ざいりょう》は、すべて植物《しょくぶつ》からできています。「竹」と「木」はもちろん、稲《いね》から籾《もみ》を取りのぞいた残《のこ》りの部分《ぶぶん》である「わら」も、木の皮《かわ》にある繊維《せんい》から作られる「和紙《わし》」も、植物《しょくぶつ》から生み出されているものです。

そこで、本シリーズは、各巻《かくかん》とも、材料《ざいりょう》のおおもとである植物《しょくぶつ》のすがたや性質《せいしつ》から説明《せつめい》をはじめています。そして、それぞれの材料《ざいりょう》の持《も》ち味《あじ》を生かし、どのように加工《かこう》して、道具《どうぐ》を作り上げていくかを説明《せつめい》しています。

また、道具《どうぐ》が作られるようすだけでなく、どのようにして人々に使《つか》われてきたかも、ひと目でわかってもらえるように、道具《どうぐ》の写真《しゃしん》や、使《つか》い方《かた》を説明《せつめい》した図、道具《どうぐ》が描《えが》かれた昔《むかし》の絵もたくさんのせました。

みなさんに紹介《しょうかい》する道具《どうぐ》の中には、今も作られているものがたくさんあります。これらの道具《どうぐ》は、工場などで大量《たいりょう》に作られる道具《どうぐ》にはない良《よ》さや味《あじ》わいがあり、今もなお、多くの人々に愛用《あいよう》されているからです。昔《むかし》から伝《つた》わる技法《ぎほう》を守《まも》り、道具《どうぐ》作りにはげむ今の職人《しょくにん》さんたちの見事《みごと》な手わざ（これを「匠《たくみ》の技《わざ》」とよくいいます。）も紹介《しょうかい》していますので、ぜひ、注目《ちゅうもく》してみてください。

このシリーズを読んで、みなさんが、昔《むかし》からある道具《どうぐ》に興味《きょうみ》を持《も》ち、その魅力《みりょく》に気付《きづ》いていただけたら、筆者《ひっしゃ》としてたいへんうれしく思います。

深光富士男《ふかみつふじお》

もくじ

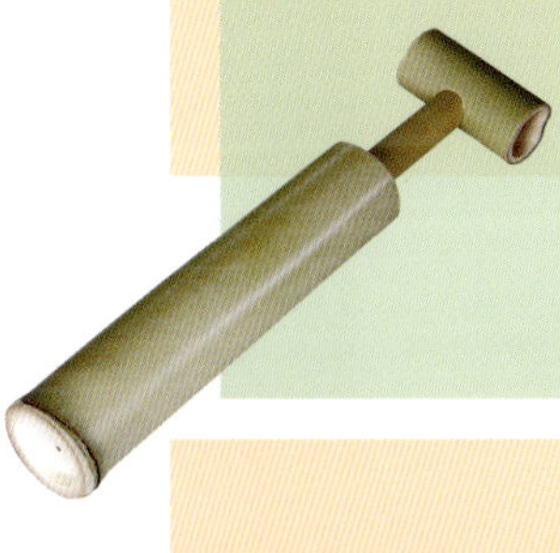

竹林《ちくりん》

ここは京都市《きょうとし》の嵐山《あらしやま》。「竹林《ちくりん》の小径《こみち》」とよばれる道に入ると、両脇《りょうわき》に太い竹が天をつくように、のびやかに立ちならんでいます。

視界《しかい》いっぱいに広がる美《うつく》しい竹林《ちくりん》……。

歩いていくと、竹が放《はな》つ独特《どくとく》の魅力《みりょく》に引きこまれていきます。この写真《しゃしん》は、その心地よい空間によいしれながら撮影《さつえい》した１枚《まい》です。

竹の種類《しゅるい》はモウソウチク。日本ではもっとも生産量《せいさんりょう》が多い代表的《だいひょうてき》な竹です。ただし竹の種類《しゅるい》はとても多く、この竹の印象《いんしょう》とはことなる竹もたくさんあります。

古来から日本人は、それぞれの竹の良《よ》さを知りながら、観賞用《かんしょうよう》として楽しんだり、実用《じつよう》的《てき》な道具《どうぐ》にしたりして活用《かつよう》してきました。

本書では、竹で作られた道具《どうぐ》をたくさん紹《しょう》介《かい》しています。

みなさんは多種多彩《たしゅたさい》な竹の道具《どうぐ》を見て、「あ、これ家にある」「どこかで見たことがあるな……」「これ、どうやって、作っているんだろう？」と、いろいろな感想《かんそう》を持《も》つことでしょう。

でも、どの竹の道具《どうぐ》も、おおもとをたどると竹林《ちくりん》に生えてきた小さなタケノコでした。

竹林《ちくりん》は「竹の道具《どうぐ》のふるさと」なのです。

葛飾《かつしか》北斎《ほくさい》が描《えが》いた竹林《ちくりん》

『富岳百景《ふがくひゃっけい》』（江戸時代《えどじだい》）。江戸時代《えどじだい》の有名《ゆうめい》な浮世絵師《うきよえし》・葛飾《かつしか》北斎《ほくさい》が竹林《ちくりん》を大胆《だいたん》に描《えが》いています。竹林《ちくりん》の向《む》こうには、そびえ立つ富士山《ふじさん》が見えます。

竹の種類《しゅるい》

竹のなかまはとても多く、世界《せかい》に 1,200 種以上《しゅいじょう》、日本だけでも、およそ 600 種以上《しゅいじょう》あるといわれています。その中から、大型《おおがた》の代表的《だいひょうてき》な竹や、おもしろい形をした竹、たて縞《じま》が入った竹、黒い竹などを紹介《しょうかい》します。

国内の２大竹

竹細工に最適《さいてき》（竹林栽培面積《ちくりんさいばいめんせき》第《だい》２位《い》）

マダケ

大型種《おおがたしゅ》。建築用材《けんちくようざい》にもなりますが、加工《かこう》がしやすいので、かごなどの竹細工に多く使《つか》われます。タケノコは苦《にが》みがあるので「苦竹《にがたけ》」ともいわれます。

太く高く成長《せいちょう》（竹林栽培面積《ちくりんさいばいめんせき》第《だい》１位《い》）

モウソウチク

大型種《おおがたしゅ》。マダケよりも、太く高く育ちます。建築用材《けんちくようざい》や工芸材《こうげいざい》として用いられますが、繊細《せんさい》な細工ものには不向《ふむ》き。タケノコは食用として人気があります。

どちらの竹かは、
節《ふし》の輪《わ》を見れば
すぐに見分けられるよ

マダケは、節《ふし》の輪《わ》が２重《じゅう》。

モウソウチクは、節《ふし》の輪《わ》が１重《じゅう》。

こんな竹もあるよ！

竹らしくない不思議《ふしぎ》な形

●キッコウチク

この名の通り、根元《ねもと》に近い部分《ぶぶん》が亀甲《きっこう》（カメの甲羅《こうら》）のように見えます。形状《けいじょう》がおもしろいので、手すりや床柱《とこばしら》などに使《つか》われます。

たて縞《じま》が印象的《いんしょうてき》

●キンメイモウソウ

緑色《みどりいろ》と黄金色《こがねいろ》のたて縞《じま》が入っています。観賞用《かんしょうよう》になりますが、3、4年たつと退色《たいしょく》していきます。

名前の通り稈《かん》（茎《くき》）が黒い竹

●クロチク

細くて黒い、美《うつく》しい竹です。弾力《だんりょく》があるので、釣竿《つりざお》などにも用いられます。

ササといいながら、じつは最小《さいしょう》の竹

●オカメザサ

庭《にわ》に観賞用《かんしょうよう》として栽培《さいばい》されることが多い最小《さいしょう》の竹。野生も各地《かくち》でみられます。稈《かん》で、かごが編《あ》めます。

竹とササは、どこがちがうの？

一般的《いっぱんてき》に、タケは高くササは低《ひく》いという印象《いんしょう》を持《も》たれていますが、すべてあてはまるわけではありません。分類上《ぶんるいじょう》では、成長《せいちょう》するとタケノコのときにつけていた皮《かわ》を落《お》とすものをタケ、皮《かわ》をつけたまま成長《せいちょう》するものをササとしています。

●ヤダケ（ササ類《るい》）

4m 以上《いじょう》にもなりますが、皮《かわ》はつけたままなのでササです。昔《むかし》は弓矢に使《つか》われたのでこの名に。筆軸《ふでじく》などに用いられます。

●クマザサ（ササ類《るい》）

葉《は》の縁《ふち》が白く隈取《くまど》られているササ。庭《にわ》でよく栽培《さいばい》され、野生も各地《かくち》でみられます。葉《は》は、刺身《さしみ》のかざりなどに使《つか》われます。

竹の特徴《とくちょう》

昔《むかし》の人は、各種天然素材《かくしゅてんねんそざい》の特徴《とくちょう》を熟知《じゅくち》したうえで、長所《ちょうしょ》を生かしたさまざまな道具《どうぐ》を作り出してきました。竹の道具《どうぐ》も同様《どうよう》で、竹ならではの特徴《とくちょう》が上手に活用されてきました。竹には、どのような特徴《とくちょう》があるのでしょうか。

成長《せいちょう》が早い

マダケは高さ20m、モウソウチクは高さ25mにも成長《せいちょう》します。おどろくのはそのスピードで、タケノコからその高さまで、わずか３か月ほどで達《たっ》してしまいます。１日に、1.2mものびたという記録《きろく》もあります。

早さのひみつは、タケノコをたてに切るとよくわかります。節《ふし》と節《ふし》のあいだの節間《せつかん》がそれぞれのびていくことで、早い成長《せいちょう》を可能《かのう》にするのです。

竹は、毎年新しいタケノコを出して、早く成長《せいちょう》するので、計画的《けいかくてき》に切れば枯渇《こかつ》しにくい天然素材《てんねんそざい》といえます。

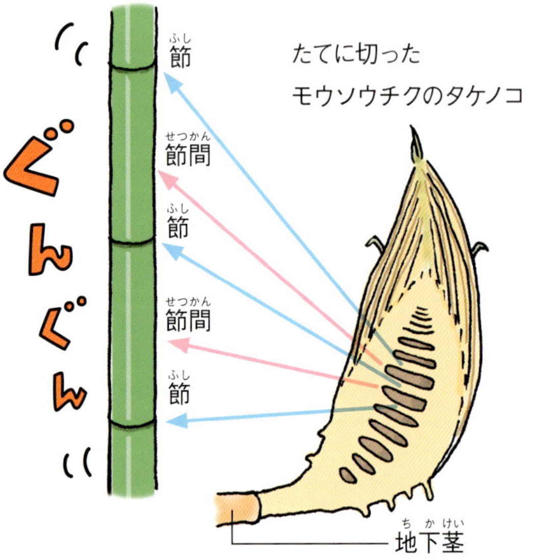

タケやササは、地下茎《ちかけい》を横《よこ》に張《は》りめぐらせるようにのばしています。タケノコは、その地下茎《ちかけい》から地上に出てきます。（地下茎《ちかけい》ではなく、株分《かぶわ》かれをする竹もあります。これは、タケ、ササと区《く》別《べつ》して、「バンブー」として分類《ぶんるい》されています。）

稈《かん》は中が空洞《くうどう》

節間《せつかん》は、空洞《くうどう》を持《も》ったまま成長《せいちょう》していきます。節《ふし》は、竹の強度《きょうど》を保《たも》つ役割《やくわり》があり、消《き》えることはありません。この形状《けいじょう》を生かして、たくさんの道具《どうぐ》が作られてきました。

たてにさけやすい

稈《かん》は弾力性《だんりょくせい》に富《と》むので、かんたんには折《お》れません。でも、たてにはさけやすい性質《せいしつ》を持《も》っています。うすく、細くさくこともできるので、かごなどの竹細工ができるのです。

表面《ひょうめん》がつややか

竹は節《ふし》のところ以外《いがい》は、でこぼこしたところがなく、つややかです。写真《しゃしん》の竹はマダケ。水で洗《あら》っただけで光沢《こうたく》を放《はな》っています。

おとなの体重《たいじゅう》をささえるほど強い

以前《いぜん》は、竹が棒高跳《ぼうたかと》びの棒《ぼう》に使《つか》われていました。写真《しゃしん》のように、竹を床《ゆか》にしていた家もあります（34ページで解説《かいせつ》）。竹は中が空洞《くうどう》ですが、太くなる竹は稈《かん》自体がかたく、おとなの体重《たいじゅう》をささえるほどの強度《きょうど》を備《そな》えています。

軽《かる》くてしなやか

竹細工用に、細くたてにさいたものを「ひご」といいます。もともと弾力《だんりょく》がある竹ですが、ひごにしてもこの性質《せいしつ》は変《か》わらず、たやすく曲《ま》げることができます。軽《かる》いのも竹の長所《ちょうしょ》。

こうした特徴《とくちょう》を生かして、いろいろな道具《どうぐ》がつくられてきたんだ

大分県《おおいたけん》は竹林《ちくりん》が多く、昔《むかし》から竹細工がさかんに行われてきました。下の写真《しゃしん》は、明治時代《めいじじだい》の貴重《きちょう》な写真《しゃしん》で、大分県《おおいたけん》別府市《べっぷし》の学校での竹工芸実習風景《たけこうげいじっしゅうふうけい》です。

先生の指導《しどう》のもと、手のこんだ竹の入れ物を作る生徒《せいと》たち。

こちらは昭和《しょうわ》30年の農具《のうぐ》市《いち》（東京都練馬区《とうきょうとねりまく》）。竹の道具《どうぐ》が売られていました。

台所《だいどころ》・食事《しょくじ》の道具《どうぐ》

(ざる・かご以外《いがい》)

家の中で使《つか》われる竹の道具《どうぐ》が、今日《こんにち》までたくさん作られてきました。なかでも多いのが、台所《だいどころ》にある食事用《しょくじよう》の道具《どうぐ》です。日常《にちじょう》使《づか》いのものがほとんどで、今もある道具《どうぐ》もあれば、見かけなくなった道具《どうぐ》もあります。

しゃもじ

マダケなどをけずって作ります。このしゃもじは、持《も》つところに節《ふし》のあとが見られます。

竹のしゃもじ入れ

節《ふし》の少し上を切るだけで、しゃもじのさしこみ口ができます。はしや木のさじなども、たくさんさせます。

竹ぐし

焼《や》き鳥《とり》のくしは、今も健在《けんざい》です。魚を焼《や》くときは、太いくしが使《つか》われます。

鬼《おに》おろし

どちらも大根《だいこん》をすりおろす道具《どうぐ》です。鬼《おに》おろしでおろすと、あらいつぶの食感《しょっかん》が楽しめます。

鬼《おに》おろし

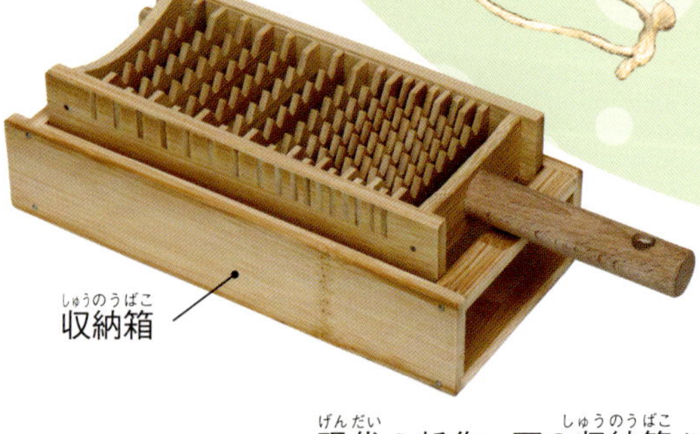

収納箱《しゅうのうばこ》

現代《げんだい》の新作。下の収納箱《しゅうのうばこ》から取り出し、上でおろすと、収納箱《しゅうのうばこ》が受《う》け皿《ざら》になります。

火吹《ひふ》き竹《だけ》

先端《せんたん》の節《ふし》の中央《ちゅうおう》に小穴《こあな》を開《あ》け、ほかの節《ふし》はぬいてあります。かまどなどで火を起《お》こすときや火力を強くするときに、大きい方の穴《あな》から吹《ふ》いて送風《そうふう》します。現代《げんだい》では、見かけなくなった道具《どうぐ》です。

巻《ま》きす

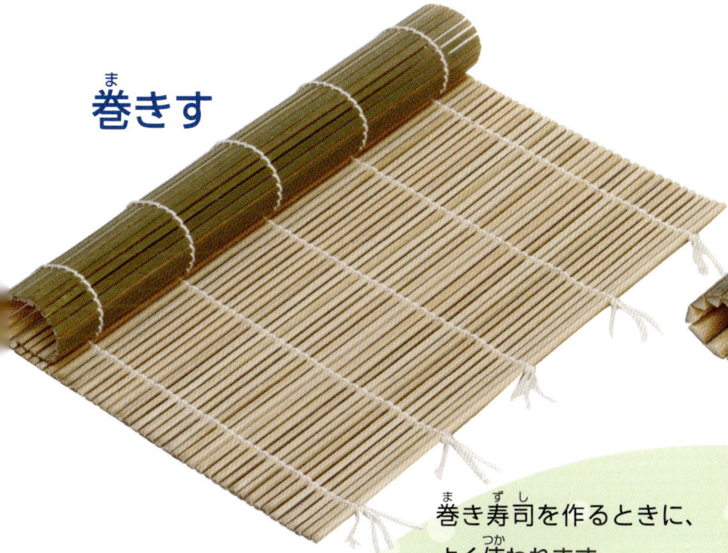

巻《ま》き寿《ず》司《し》を作るときに、よく使《つか》われます。

鬼《おに》すだれ

伊達巻《だてまき》など、太いひごのくぼみをつけたいものを巻《ま》きます。

七味入《しちみい》れ

稈《かん》の中空と節《ふし》が見事《みごと》に生かされた容器《ようき》です。

竹の皿《さら》

さまざまな形をした竹の皿《さら》がありますが、この皿《さら》は、曲《きょく》線《せん》の美《うつく》しさが目をひきます。

竹のはし

木製《もくせい》が多い道具《どうぐ》ですが、竹製《たけせい》も使《つか》われ続《つづ》けています。

竹筒《たけづつ》のはし入れとセットになっています。弁当《べんとう》の携帯用《けいたいよう》にもなります。

竹の皿《さら》

大きな皿《さら》も、竹をつなげることで作ることができます。

ひしゃく

竹筒《たけづつ》に柄《え》を取《と》りつけた水をすくう道具《どうぐ》。竹の形状《けいじょう》が生かされたつくりです。

ササラ

竹をさいた方で、なべのこげつきなどを取《と》ります。これは、今も売られている商品《しょうひん》。

ざる

①いろいろなざる

昔《むかし》の台所《だいどころ》には、竹ひごから編《あ》まれた多種類《たしゅるい》のざるがあり、使《つか》い分《わ》けられていました。

おもな用途《ようと》は、水を切る、干《ほ》す、洗《あら》う、料理《りょうり》をつくるなど。用途別《ようとべつ》にくふうされた、いろいろなざるを見てみましょう。

底《そこ》が浅《あさ》いざる

ざるの多くは、目のつんだ編《あ》み方《かた》で作られています。水切り用具《ようぐ》が多く、ざるそば用の浅《あさ》ざるは、その典型《てんけい》といえます。ゆでたそばをのせて、洗《あら》って水を切れば、そのままお皿《さら》にもなる便利《べんり》な道《どう》具《ぐ》です。 丸い浅《あさ》ざるは「盆《ぼん》ざる」、四角い浅《あさ》ざるは「角《かく》ざる」とよばれています。

←盆《ぼん》ざる。ここに見られる、ござ目編《あ》み（あるいは、ざる編《あ》み）は、ざるの代表的《だいひょうてき》な編《あ》み方《かた》です。

↑角《かく》ざる。たてに太いひごを組み入れた、浅《あさ》いながらも立体感《りったいかん》のあるざるです。

←スズタケのひごを使《つか》った、編《あ》み模様《もよう》の美《うつく》しい浅《あさ》ざる。底《そこ》は、網代編《あじろあ》みです。

→『北斎仮名手本忠臣蔵《ほくさいかなでほんちゅうしんぐら》』（江戸時代《えどじだい》）。汐干狩《しおひがり》のようすで、上の写真《しゃしん》と同様《どうよう》のざるが描《えが》かれています。

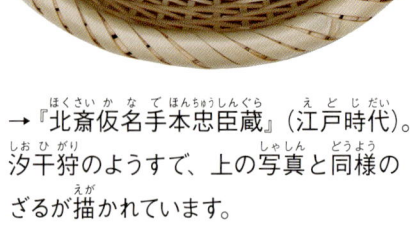

底《そこ》が深《ふか》いざる

かさばるもの、量《りょう》が多いものの水切りにすぐれた深《ふか》ざる。このざるの底《そこ》は、菊底編《きくぞこあ》みです。

味噌《みそ》やお茶をこすざる

こすために作られた道具《どうぐ》。毎日使《つか》っても、味《あじ》やにおいうつりが少ないところも竹製品《たけせいひん》の長所《ちょうしょ》です。

味噌《みそ》こし

味噌《みそ》は、原料《げんりょう》の豆《まめ》や麦の形が残《のこ》っていたり、かたまっていたりします。味噌汁《みそしる》を作るときに、これに味噌《みそ》を入れて、なべの中で棒《ぼう》やはしなどでとくと、編《あ》み目《め》にあたりよくとけ、豆《まめ》のつぶなども入らない口あたりのよい味噌汁《みそしる》になります。

（取《と》っ手《て》つき）

（取《と》っ手《て》なし）

茶こし

これは、現在販売《げんざいはんばい》されている茶こし。竹は、熱湯《ねっとう》にたえる素材《そざい》です。

麺《めん》の湯切《ゆぎ》りざる

二種類《しゅるい》の代表的《だいひょうてき》な湯切《ゆぎ》りざるを紹介《しょうかい》します。

すいのう

ラケットの形をした湯切《ゆぎ》りざる。ゆであがった麺《めん》や団子《だんご》を、なべからすくいあげます。

そば・うどんふり

味噌《みそ》こしに似《に》た１人前用。素早《すばや》く麺《めん》の湯切《ゆぎ》りができるように、目は少しあらく作られています。

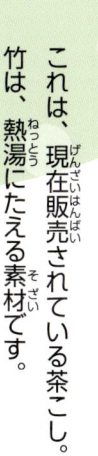

ざる

② 米揚《こめあ》げざる

五升用《ごしょうよう》の米揚《こめあ》げざる

升《しょう》は昔《むかし》の単位《たんい》。米で５升《しょう》は約《やく》９リットル。そのくらいの量《りょう》の米が入るざるです。

米をとぐとき、現在《げんざい》では炊飯器《すいはんき》の内釜《うちがま》で行う人が多いようです。でも、電化製品《でんかせいひん》がなかった時代《じだい》は、多くの家庭《かてい》で、米つぶがこぼれないように緻《ち》密《みつ》に編《あ》まれた米揚《こめあ》げざるを使《つか》って、米とぎを行っていました。昔《むかし》は精米《せいまい》があらい米もあったので、竹の編《あ》み目《め》にすりつけてとぐ人もいました。また、木おけなどのほかの容器《ようき》でといだ米を入れて、米《こめ》揚《あ》げざるを水切りに使《つか》うこともありました。

片口型《かたくちがた》の米揚《こめあ》げざる

米をなべや釜《かま》などにうつしやすい形をしています。

箕型《みがた》の米揚《こめあ》げざる

次ページで紹介《しょうかい》する「箕《み》」の形をした米揚《こめあ》げざるです。

箕《み》・ふるい

おもに農家《のうか》で穀物《こくもつ》の選別《せんべつ》などに使用《しよう》される箕《み》は、奈良時代《ならじだい》の絵巻物《えまきもの》に描《えが》かれているほど、大昔《おおむかし》から使《つか》われてきました。両手《りょうて》で持《も》ちやすく、ものを入れたまま移動《いどう》もできます。ふるいも選別《せんべつ》に使《つか》う道具《どうぐ》。選別《せんべつ》の際《さい》、箕《み》ははね上げ、ふるいはゆすってざる目の穴《あな》に通して行います。

『農耕百首《のうこうひゃくしゅ》』（江戸時代《えどじだい》）。下の３人は、「唐竿《からさお》」という道具《どうぐ》で、収穫《しゅうかく》した穀物《こくもつ》を脱穀《だっこく》。上の人は、その穀物《こくもつ》を箕《み》に入れてはね上げ、軽《かる》いからやごみを出しています。

箕《み》

箕《み》の基本形《きほんけい》。両手《りょうて》で持《も》つと手前が深《ふか》く、前方は入れたものを出しやすいように広く浅《あさ》く作られています。箕《み》は、竹のほか、つるや木などの素材《そざい》も使《つか》われました。

箕《み》

↑右上とはちがう箕《み》を、前方から見たところ。

←一三五一年（室町時代《むろまちじだい》）作『慕《ぼ》帰絵詞《きえことば》』を忠実《ちゅうじつ》に写《うつ》した絵巻物《えまきもの》。箕《み》の起源《きげん》はとても古く、弥生時代《やよいじだい》から、という説《せつ》もあります。

ふるい

同じ大きさの編《あ》み目で編《あ》まれた選別用具《せんべつようぐ》。選別《せんべつ》をしたい、つぶ状《じょう》のものを入れてゆり動《うご》かし、ざる目より小さいものを落《お》とし、大きいものだけを残《のこ》します。

かご

⑪ いろいろなかご

一般的《いっぱんてき》に、ざるは目がつまっていて、かごは目があらいといわれていますが、目がつまったかごもあります。じつは、ざるとかごに明確《めいかく》なちがいはありません。でも、特徴《とくちょう》、用《よう》途《と》などで、名前の使《つか》い分《わ》けがみられます。たとえば、持《も》ち運《はこ》びに便利《べんり》な容器《ようき》の多くは、かごとよばれています。

炭《すみ》かご

炭《すみ》を入れて運《はこ》ぶためのかご。炭《すみ》は、おもに燃料《ねんりょう》として、平安時代《へいあんじだい》から使《つか》われてきたといわれています。

わんかご

洗《あら》ったあとの食器《しょっき》をこの中に入れて水を切り、かわくまでしばらく置《お》いておくための入《い》れ物《もの》。今は、金属製《きんぞくせい》、プラスチック製《せい》が主流《しゅりゅう》です。

弁当行李《べんとうごうり》

この容器《ようき》の素材《そざい》は、東北などに群生《ぐんせい》しているスズタケ。細《ほそ》身《み》を生かした繊細《せんさい》な編《あ》み方《かた》は、網代編《あじろあ》みです。

野菜《やさい》入れ用かご

これは目があらいかご。六角形の編《あ》み目《め》（六つ目編《あ》み）が印象的《いんしょうてき》です。野菜《やさい》を入れたまま、水洗《みずあら》いすることもできます。

ついかご

裁縫道具《さいほうどうぐ》や布《ぬの》の切れはしなどを入れておく道具《どうぐ》。一見台所《だいどころ》にある深《ふか》ざるのようですが、持《も》ち運《はこ》ぶ道具《どうぐ》入《い》れなので、かごとよばれているようです。

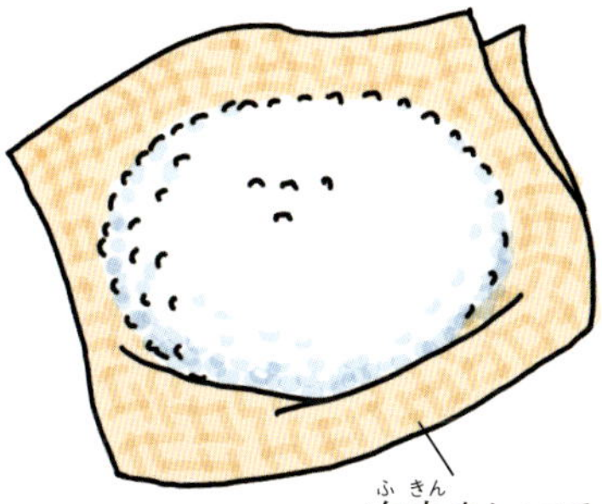

布巾《ふきん》をしいて入れました。

炊飯器《すいはんき》のない時代《じだい》、農家《のうか》などでは、早朝に一日分の米を炊《た》きました。夏は朝ご飯《はん》の残《のこ》りを、通気性《つうきせい》のいい飯《めし》かごに入れて、風通しのよいところに置《お》いたり、つり下げたりして、腐敗《ふはい》をふせぎました。

飯《めし》かご

手さげかご

持《も》ち手《て》がついた、持《も》ち運《はこ》びしやすい入《い》れ物《もの》です。さまざまな編《あ》み方《かた》やデザインがあります。

「竹みがき」をしてつくられた竹製品《たけせいひん》は使《つか》いこむほどに、いいあめ色になるんだ

竹材《ちくざい》の表面《ひょうめん》を、ごくうすく、こするようにそぐことを「竹みがき」といいます。この処理《しょり》をしたひごでかごを編《あ》むと、使《つか》いこむほどつやが出て、深《ふか》みのあるいいあめ色になります。

「竹みがき」をした竹のひごで編《あ》まれたかご。年月がたつほど、しぶみのある美《うつく》しさが増《ま》します。

かご

② 運搬《うんぱん》・収穫用《しゅうかくよう》

ここでは、おもに屋外《おくがい》の仕事《しごと》で使《つか》われてきたかごを集《あつ》めました。背負《せお》うもの、腰《こし》に下げるもの、特定《とくてい》の収穫物《しゅうかくぶつ》を入れるもの、じょうぶで大型《おおがた》のものなど、ひとつひとつのかごに、先人たちのくふうが見られます。

背負《せお》いかご

昔《むかし》の絵にもよく登場《とうじょう》する、典型的《てんけいてき》な背負《せお》いかごです。大型《おおがた》ですが、重《おも》い物《もの》を入れても、背負《せお》うことで運搬《うんぱん》しやすくなります。写真《しゃしん》は、現代《げんだい》の商品《しょうひん》。

『絵本倭比事《えほんやまとひじ》』（江戸時代《えどじだい》）。子どもが背負《せお》っています。農《のう》作業《さぎょう》の手伝《てつだ》いでしょうか。

タンガラ

背負《せお》いかごの一種《いっしゅ》。背《せ》あてがついていて、上部《じょうぶ》の口が広く、底《そこ》の方はすぼまった形をしています。この写真《しゃしん》のかごは、堆肥《たいひ》や収穫《しゅうかく》した野菜《やさい》などの運搬用《うんぱんよう》として使《つか》われていました。

腰《こし》びく

腰《こし》につけて、田畑《たはた》で取《と》った草を入れるなど、多目的《たもくてき》に使《つか》われてきました。

腰《こし》かご

こちらも腰《こし》に下げて使《つか》われたかご。中に入れたものが飛《と》び出しにくいように、上部《じょうぶ》の口がすぼまっています。

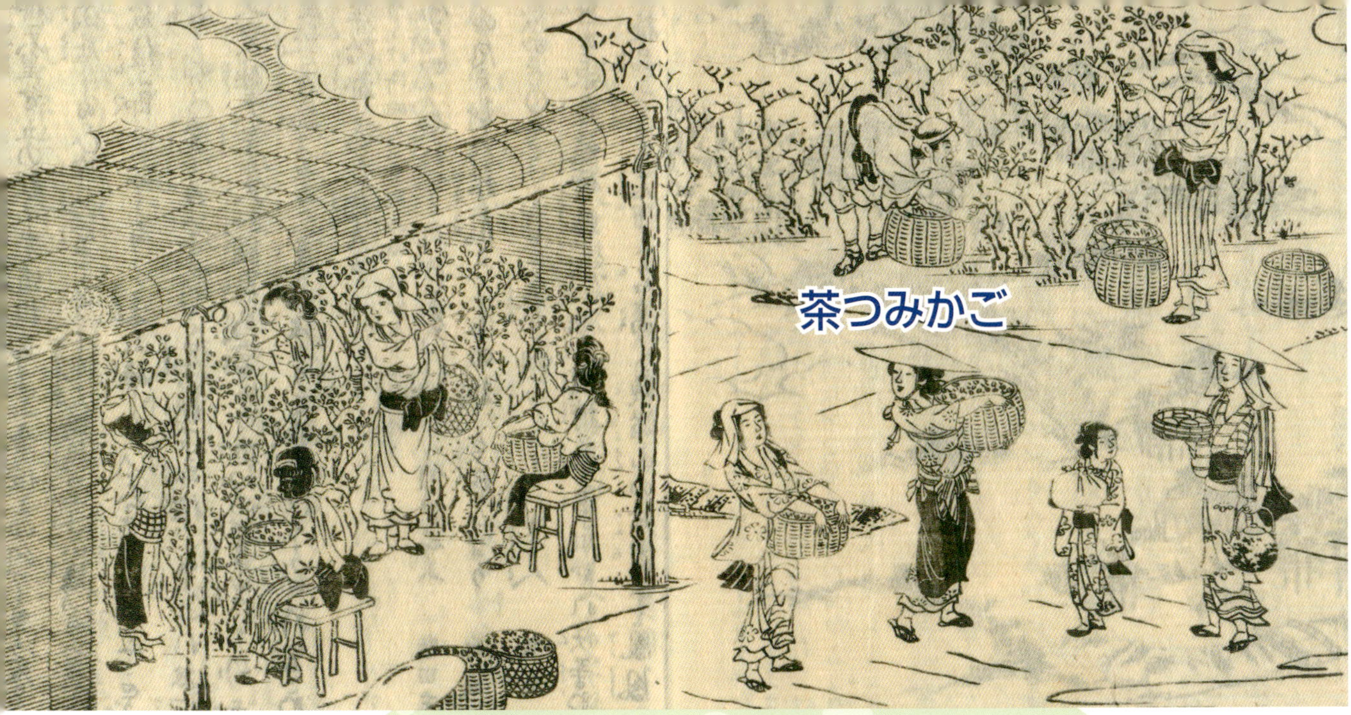

『都名所図会《みやこめいしょずえ》』（江戸時代《えどじだい》）。宇治《うじ》（今の京都府宇治市《きょうとふうじし》）の特産《とくさん》品《ひん》、茶の収穫風景《しゅうかくふうけい》。大きな茶つみかごが使《つか》われています。

カキの収穫用《しゅうかくよう》かご

かごがいっぱいになるほどカキを入れても、かんたんにこわれない作りになっています。

苗《なえ》かご

これに苗《なえ》を入れて、腰《こし》に下げ、田植《たう》えをしました。

リンゴの収穫用《しゅうかくよう》かご

うでに下げて持《も》てば、利《き》き手《て》を使《つか》って、収穫《しゅうかく》したリンゴを次々《つぎつぎ》入れていくことができます。

運搬用《うんぱんよう》かご

重量物《じゅうりょうぶつ》をぎっしり入れてもたえられるように、がんじょうに作られた四角く大きなかご。「御《ご》用《よう》かご」ともよばれていました。写真《しゃしん》は、現代《げんだい》の商品《しょうひん》。

天秤棒用《てんびんぼうよう》の竹かご

「天秤棒《てんびんぼう》」とよばれた木の棒《ぼう》の両端《りょうはし》に、荷物《にもつ》をのせた竹かごや、おけなどをつり下げて、肩《かた》にかつぐと、重《おも》いものでもひとりで運《はこ》びやすくなります。このすがたで品物《しなもの》を売り歩く人を、江戸時代《えどじだい》に「棒手振《ぼてふり》」とよんでいました。棒手振《ぼてふり》は、江戸時代《えどじだい》に激増《げきぞう》。軽量《けいりょう》の竹かごは、肩《かた》への負担《ふたん》を少なくしました。この運《はこ》び方《かた》は農家《のうか》でもよく使《つか》われ、昭和《しょうわ》になっても活用《かつよう》されました。

『東都歳時記《とうとさいじき》』（江戸時代《えどじだい》）。天秤棒《てんびんぼう》からつり下げた入《い》れ物《もの》に、大きな竹かごが使《つか》われています。

写真《しゃしん》のかごは「テレンカゴ」とよばれ、昭和初期《しょうわしょき》から昭和《しょうわ》 51 年まで使用《しよう》されたものです。堆肥《たいひ》や水稲《すいとう》の苗《なえ》などの運搬《うんぱん》に使《つか》われました。

人が乗《の》っていた竹かご

軽《かる》くてじょうぶな竹かごは、人も乗《の》せていました。江戸時代《えどじだい》に描《えが》かれたこの絵の乗《の》り物《もの》は、「駕籠《かご》」です。木製《もくせい》の高級品《こうきゅうひん》もありますが、簡素《かんそ》な竹の駕籠《かご》は庶民《しょみん》も利用《りよう》していました。「駕籠《かご》」は通常《つうじょう》、前後ひとりずつ棒《ぼう》を肩《かた》にかついで目的地《もくてきち》まで運《はこ》びました。明治時代《めいじじだい》のはじめに、ひとりで引ける人力車《じんりきしゃ》という乗《の》り物《もの》が普及《ふきゅう》すると、駕籠《かご》は急速《きゅうそく》にすがたを消《け》してしまいました。

↑『二十四好今様美人《にじゅうしこういまようびじん》』（江戸時代《えどじだい》）。つっている 4 本の棒《ぼう》も竹製《たけせい》。
→『都名所図会《みやこめいしょずえ》』（江戸時代《えどじだい》）。竹駕籠《たけかご》に、母子が乗《の》っています。

文房具《ぶんぼうぐ》・掃除道具《そうじどうぐ》など

竹の特長《とくちょう》を生かした日用品は、昔《むかし》から数多く作られてきました。ここでは、筆《ふで》（竹は、筆軸《ふでじく》に使用《しよう》）などの文房具《ぶんぼうぐ》や、掃除道具《そうじどうぐ》などを紹介《しょうかい》します。

筆軸《ふでじく》

昔《むかし》の筆記具《ひっきぐ》は筆《ふで》で、軸《じく》にヤダケなどの細い竹が使《つか》われていました。610年に中国から日本に伝《つた》わったといわれています。竹軸《たけじく》の筆《ふで》は、今も書道などで用いられています。

→『雛形都風俗《ひいながたみやこふうぞく》』（江戸時代《えどじだい》）。和紙《わし》に筆《ふで》で書いています。

↓『滑稽絵姿合《こっけいえすがたあわせ》』（江戸時代《えどじだい》）。旅人《たびびと》のなかには、墨壺《すみつぼ》と筆《ふで》がセットになった「矢立《やたて》」という携帯用筆記具《けいたいようひっきぐ》を持《も》ち歩く人がいました。

『職人尽歌合《しょくにんづくしうたあわせ》』（江戸時代《えどじだい》）。絵師《えし》が複数《ふくすう》の筆《ふで》を使《つか》い分けて、絵を描《えが》いています。

竹の物差《ものさ》し

竹製《たけせい》の物差《ものさ》しは、「竹尺《たけじゃく》」とよばれています。江戸時代《えどじだい》にマダケを素材《そざい》とした竹尺《たけじゃく》が作られていました。竹尺《たけじゃく》は、今でも使《つか》われています。

孫《まご》の手《て》

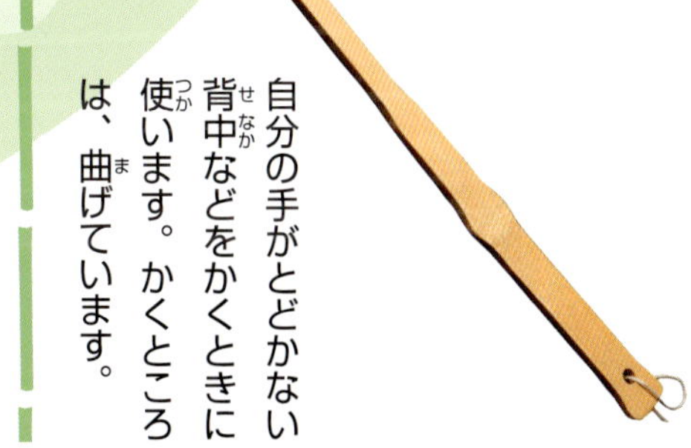

自分の手がとどかない背中《せなか》などをかくときに使《つか》います。かくところは、曲《ま》げています。

こまさらい

小さなごみをかき集《あつ》める道《どう》具《ぐ》。すみにあるごみも、手をよごすことなくかきだせます。

はたき（柄《え》）

ほこりが積《つ》もったところを、パタパタとはらいます。しなる細い竹を柄《え》にして、その先に、さいた布《ぬの》や和紙《わし》などの束《たば》をつけています。

竹林《ちくりん》から竹材《ちくざい》まで

マダケは、竹細工にもっとも多く使《つか》われる竹です。大分県別府市《おおいたけんべっぷし》の周辺《しゅうへん》には、昔《むかし》からマダケの竹林《ちくりん》があり、竹細工がさかんでした。地元の製竹《せいちく》工場では、竹林《ちくりん》で伐採《ばっさい》した竹を、どのように処理《しょり》して、竹材《ちくざい》として出荷《しゅっか》しているのでしょうか。

1 大分県別府市《おおいたけんべっぷし》の竹林《ちくりん》

毎年、地下茎《ちかけい》から地上に出てくるタケノコは、わずか3か月で成長《せいちょう》しきります。ただし、竹細工にてきしているのは、3、4年目の竹です。伐採《ばっさい》は、虫が入らない冬の12月から翌年《よくとし》の2月ごろまでに行います。切り出された竹は、製竹《せいちく》工場に運《はこ》ばれます。

4 油《あぶら》ぬき

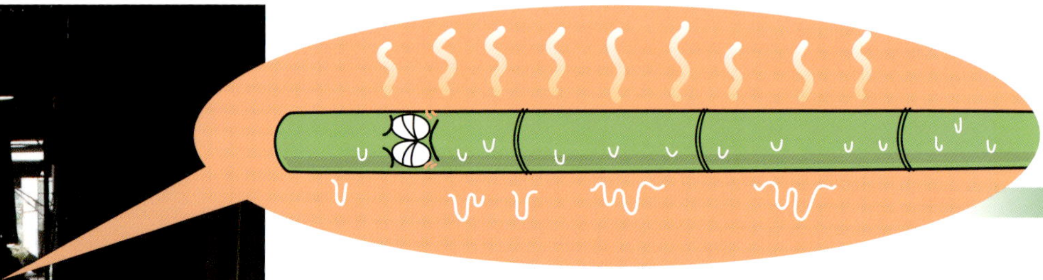

「油《あぶら》ぬき」の方法《ほうほう》はいろいろありますが、この製竹《せいちく》工場では、「苛性《かせい》ソーダ」を入れた液《えき》を煮《に》たて、その釜《かま》の中に青竹をしずめて、内部《ないぶ》の水分と表皮《ひょうひ》の油《あぶら》を外に出す処理《しょり》をしています。この写真《しゃしん》は、そのまっ最中《さいちゅう》（火の上の釜《かま》の中に、青竹が入っています）。燃料《ねんりょう》は、切断《せつだん》して不要《ふよう》になった竹（写真《しゃしん》の手前に写《うつ》っています）を使《つか》っています。液《えき》から出した竹は、表面《ひょうめん》を布《ぬの》でていねいにふきます。

取材協力／永井製竹株式会社
撮影／平野芳弘（大分県別府市「平野資料館」館長）

2 伐採《ばっさい》されて、製竹《せいちく》工場に運《はこ》ばれてきたマダケ

3 切断《せつだん》

運《はこ》ばれてきた竹（2）は、一部《いちぶ》、火であぶって曲《ま》がりを正し、太さ別《べつ》などに分類《ぶんるい》して、長さをそろえて切断《せつだん》します（3）。

この緑色《みどりいろ》の竹をそのまま使《つか》って作る竹細工を「青物《あおもの》」といいます。でも、青物《あおもの》は時を経《へ》ると退色《たいしょく》していきます。竹細工用にする竹は、表面《ひょうめん》を長く美《うつく》しく保《たも》つように、多くの製竹《せいちく》工場で「油《あぶら》ぬき」とよばれる処理《しょり》（4）を行っています。「油《あぶら》ぬき」を終《お》えた竹は白っぽい色になるので、この竹で作られた竹細工は「白物《しろもの》」とよばれています。

5 天日干《てんぴぼ》しを終《お》え、出荷《しゅっか》を待《ま》つ竹材《ちくざい》

これが、いろいろな竹製品《たけせいひん》になるんだ

「油《あぶら》ぬき」をした竹は、風通しのよい場所《ばしょ》に立てかけて、天日干《てんぴぼ》しをします。（写真中《しゃしんちゅう》に、処理《しょり》を終《お》えた白っぽい竹が見えます。）

竹ひご作り
（竹かご作り体験用《たいけんよう》）

神奈川県《かながわけん》の「川崎市立日本民家園《かわさきしりつにほんみんかえん》」には、たくさんの古民家《こみんか》が移築《いちく》、復元《ふくげん》されています。この園では、「民具製作技術保存会《みんぐせいさくぎじゅつほぞんかい》」の竹細工グループが活動《かつどう》しています。園では、一般《いっぱん》の希望者《きぼうしゃ》を集《あつ》めて、竹かごを作る体験講座《たいけんこうざ》を行いました。講座《こうざ》の１週間前に、竹細工グループのみなさんが当日参加者《さんかしゃ》に配《くば》る竹ひごを作るところから、見せていただきました。

材料《ざいりょう》は、千葉県《ちばけん》の竹林《ちくりん》で伐採《ばっさい》されたマダケ。

1 ひごの長さ（85㎝）に切って洗《あら》う

竹細工を編《あ》むためには、竹をさいて、ひごをたくさん作っておかなくてはなりません。竹はまず、ひごの長さに切り、きれいに水洗《みずあら》いされました。

2 半分に割《わ》る

名人
あっ！という間のわざ!!

竹に刃《は》をあてると……。

すっと、真《ま》っ二つに割《わ》れていきます。

動《うご》きにむだがなく、「お見事《みごと》！」というしかありません。

3 はば 11㎜ずつ印《しるし》をつける

半分に割《わ》った竹の上部《じょうぶ》に巻《ま》き尺《じゃく》をあてて、11㎜ずつ、鉛筆《えんぴつ》で印《しるし》をつけていきます。

4 印《しるし》に刃《は》をあてて、割《わ》る

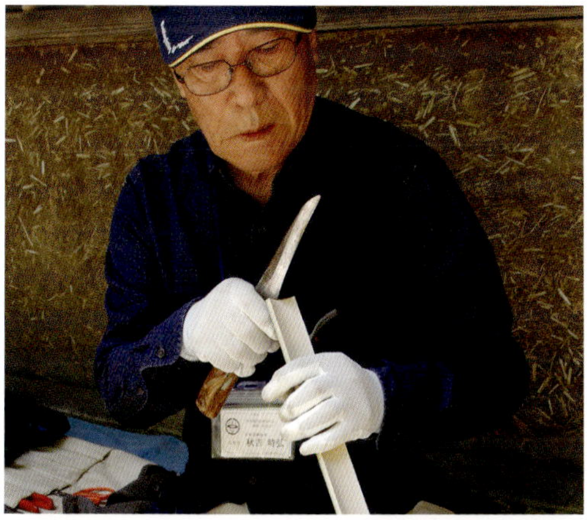

印《しるし》の上に刃《は》をあてます。この刃物《はもの》は、使《つか》いこまれた竹割《たけわ》り包丁《ぼうちょう》。

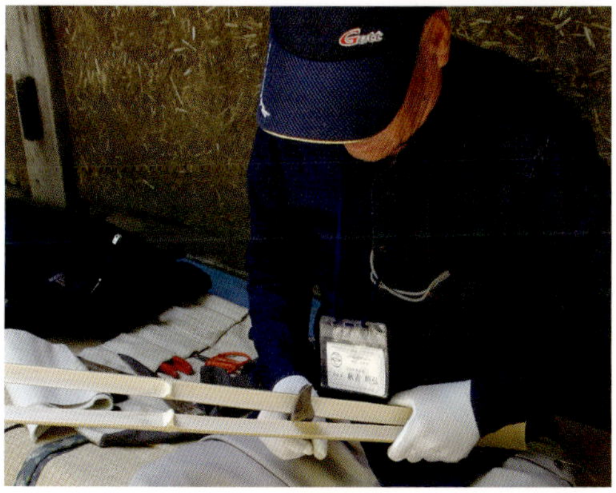

11㎜のはばが変《か》わらないように割《わ》っていきます。

5 道具《どうぐ》を使《つか》って、はば10㎜にする

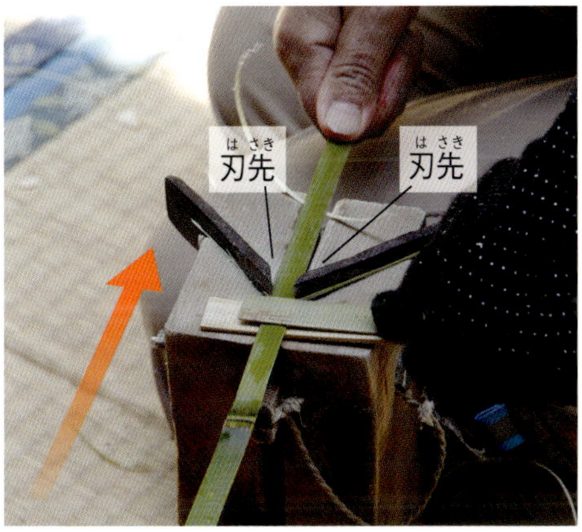

「はばぎめ」という道具《どうぐ》を使《つか》って、ひごを10㎜はばにします。ひごを刃先《はさき》に通すだけで、正確《せいかく》にけずれます。

6 はいで、厚《あつ》さ 0.3～0.5㎜にしていく

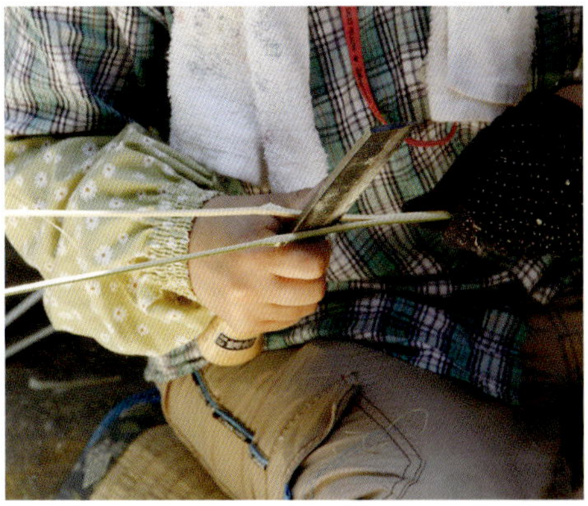

はばがそろったひごは、はいで、うすくします。同じ厚《あつ》みを保《たも》つためには、根気《こんき》と経験《けいけん》を要《よう》します。

丸めて
きれいな円に
なったら合格《ごうかく》！

名人・秋吉《あきよし》さんの道具《どうぐ》

あざやかなわざの持《も》ち主《ぬし》は、秋吉時弘《あきよしときひろ》さん。竹割《たけわ》り包丁《ぼうちょう》を見せていただくと、数十年、といでは使《つか》ってきたため、刃《は》のはばが細くなっていました。

ひご完成《かんせい》！

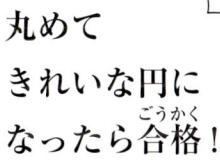

竹かご作り体験《たいけん》

（菱《ひし》四つ目かご）

ひご作りの１週間後、竹かご作りの体験講座《たいけんこうざ》が開催《かいさい》されました。参加者《さんかしゃ》は 25 名。竹細工ははじめて、という人がほとんどです。編《あ》むかごは、「菱《ひし》四つ目かご」。ひとつずつ編《あ》み上《あ》げて、持《も》ち帰ることができます。参加者《さんかしゃ》は５人ずつのグループに分かれて、竹細工グループの方々に編《あ》み方《かた》を教わっていきました。その製《せい》作過程《さくかてい》をのぞいてみましょう。

材料《ざいりょう》

- 皮《かわ》竹ひご（竹の表面《ひょうめん》のひご）………… 8 本
- 身《み》竹ひご（竹の内部《ないぶ》のひご）………… 16 本
- 籐《とう》（かごの縁《ふち》を巻《ま》きます。）…………… 1 本

1 皮《かわ》竹ひご２本をたてにならべてから底《そこ》を編《あ》んでいく

ひごは、竹をうすくはいで作るので、表面《ひょうめん》の部分《ぶぶん》（皮《かわ》竹ひご）と中《なか》身《み》の部分《ぶぶん》（身《み》竹ひご）ができます。この２種類《しゅるい》のひごを使《つか》って、写真《しゃしん》のように底《そこ》から編《あ》んでいきます。

緑色《みどりいろ》の皮《かわ》竹ひごは本数が少ないので、身《み》竹ひごのあいだに写真《しゃしん》のように編《あ》み入れて、規則《きそく》正しく緑色《みどりいろ》が見えるようにします。

2 側面《そくめん》になるところを立てる

底《そこ》編《あ》みが完成《かんせい》したら、裏返《うらがえ》しにします。底《そこ》がわかるようにひもを結《むす》び、側面《そくめん》になるところを立てて「折《お》り曲《ま》げぐせ」をつけます。

3 側面《そくめん》を編《あ》んでいく（1）

底《そこ》の角は、４か所《しょ》とも皮《かわ》竹ひごがくるように編《あ》んでいます。底《そこ》をひざにあてて、両手《りょうて》を使《つか》い、きれいな角ができるように編《あ》んでいきます。

かごの側面《そくめん》を編《あ》んでいるところ

4 側面《そくめん》を編《あ》んでいく（2）

側面《そくめん》を編《あ》み進《すす》めると、かごらしい形になっていきます。編《あ》み目《め》は、同じ菱形《ひしがた》になるように、ひごをずらして調整《ちょうせい》します。

5 ひごの先を切りそろえる

側面《そくめん》が編《あ》み終《お》わったら、角、編《あ》み目《め》、全体《ぜんたい》の形などを確認《かくにん》して、直したいところがあれば修正《しゅうせい》します。そのあとで、ひごの先を切りそろえます。

6 ひごの先をさく（4 分割《ぶんかつ》）

写真《しゃしん》のように、ひごをさいていきます。さいたところが、かご上部《じょうぶ》の縁《ふち》になります。

7 さいたところを内側《うちがわ》に折《お》り曲《ま》げて縁《ふち》を作っていく

細くさいた部分《ぶぶん》を内側《うちがわ》に折《お》り曲《ま》げていきます。ゆるまないように、しんちょうに作業《さぎょう》を進《すす》めていきます。

次ページへ

8 籐《とう》で縁《ふち》を巻《ま》く

縁《ふち》ができたら、等間隔《とうかんかく》に籐《とう》を巻《ま》いていきます。細くて強い籐《とう》は、かごの縁巻《ふちまき》によく使《つか》われます。

9 一周《しゅう》巻《ま》き終《お》わった籐《とう》を内側《うちがわ》で結《むす》んで、切る

あまった籐《とう》をはさみで切れば、できあがり。参加者全員《さんかしゃぜんいん》、完成《かんせい》させることができました。

竹林《ちくりん》で伐採《ばっさい》された
マダケは、
ひごにして
編《あ》むことで、
こんなかごに
なったんだ！

菱《ひし》四つ目かご完成《かんせい》！

編《あ》み方《かた》のいろいろ

体験講座《たいけんこうざ》で製作《せいさく》されたかごの編《あ》み方《かた》は「菱《ひし》四つ目編《あ》み」。
そのほかの代表的《だいひょうてき》な編《あ》み方《かた》を、いくつか見てみましょう。

六つ目編《あ》み

正六角形の編《あ》み目《め》。かごに多いので、「かご目編《あ》み」ともよばれています。これは、もちなどを入れるかご。（16ページの野菜《やさい》入れかごも、この編《あ》み方《かた》。）

八つ目編《あ》み

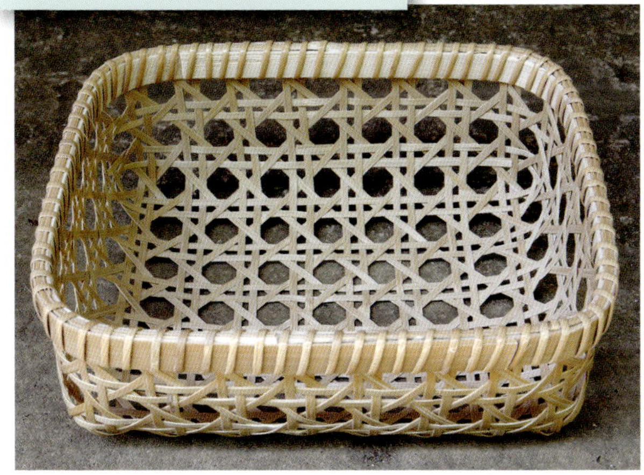

こちらは正八角形の編《あ》み目《め》ができます。底《そこ》が長方形のかごが多く、四つ目編《あ》み、六つ目編《あ》みより難易度《なんいど》が高い編《あ》み方《かた》です。

網代編《あじろあ》み

昔《むかし》から用いられてきた編《あ》み方《かた》。たて横《よこ》の規則《きそく》正しい模様《もよう》が特徴的《とくちょうてき》で、強度《きょうど》があります。ここでは底《そこ》に見られますが、16ページの弁当行李《べんとうごうり》のようなものも作れます。

ござ目編《あ》み

編《あ》み目《め》が、ござのように見える、目がつまった編《あ》み方《かた》です。ざるに多いので「ざる編《あ》み」ともよばれています。（12ページの盆《ぼん》ざる＜上の方＞も、この編《あ》み方《かた》。）

菊底編《きくぞこあ》み

丸いざるやかごの底《そこ》によく使《つか》われる編《あ》み方《かた》で、菊《きく》の花に似《に》ています。

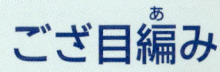

軒先《のきさき》や庭《にわ》の竹利用《りよう》

竹は、軒先《のきさき》や庭《にわ》でも使《つか》われていました。物《もの》干《ほ》し竿《ざお》のように、稈《かん》そのものを利用《りよう》したり、切ってけずり、竹の風鈴《ふうりん》にしたり、先を曲《ま》げて熊手《くまで》にしたり、それぞれにくふうがみられます。

物《もの》干《ほ》し竿《ざお》

まっすぐな竹の稈《かん》を利用《りよう》した、おもに洗濯物《せんたくもの》を干《ほ》すための道具《どうぐ》です。通常《つうじょう》、竿《さお》をかけるところがあり、かけはずしができるようになっています。

『絵本倭比事《えほんやまとひじ》』（江戸時代《えどじだい》）。いろいろなところに、竹が使《つか》われています。

竹の窓《まど》

（34ページで解説《かいせつ》）

かけひ（懸樋・筧）

水を引いてくる道具《どうぐ》です。木製《もくせい》もありますが、竹が用いられるときは、節《ふし》の中を打《う》ちぬいて、水が通るように作られています。二つに割《わ》って、節《ふし》をぬいたものもあります。

竹ぼうき

庭《にわ》を掃《は》いたりする、外用のほうきです。柄《え》は竹の稈《かん》を使《つか》い、その先に、竹の枝《えだ》を束《たば》にしてしばりつけています。

『絵本狂歌山満多山《えほんきょうかやままたやま》』（江戸時代《えどじだい》）。竹ぼうきで掃《は》いています。

添水《そうず》

竹筒《たけづつ》に水がそそがれると、重《おも》みでかたむき、たまった水が流《なが》れ出ると、もとにもどるようにした装置《そうち》。もどったときに、石などを打《う》つ音を楽しみます。鳥や獣《けもの》を追《お》い払《はら》う目的《もくてき》で使《つか》われたこともあり、「ししおどし」ともいいます。

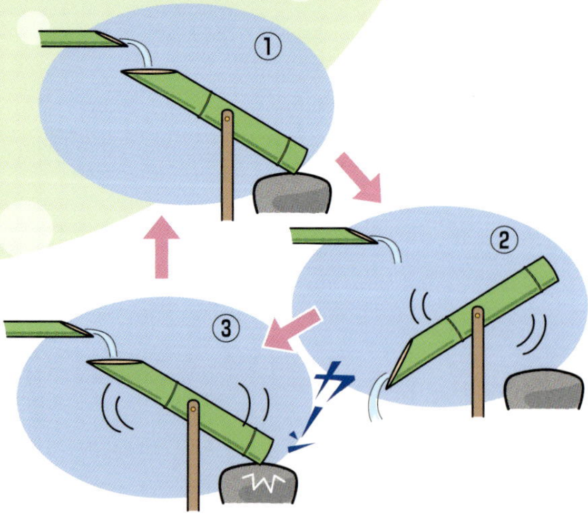

竹の風鈴《ふうりん》

風《ふ》が吹くと、つるされた竹《たけ》同士《どうし》がぶつかりあって、カラコロと心地よい音をならします。軒下《のきした》などにつるして、その音を楽しみます。

目隠《めかく》しや風よけ、防犯《ぼうはん》などの役割《やくわり》を持《も》つ、すき間がない竹垣《たけがき》です。

竹垣《たけがき》

垣《かき》は家のまわりなどの仕切《しき》りで、「垣根《かきね》」ともいいます。竹の垣《かき》は「竹垣《たけがき》」とよばれ、目隠《めかく》しになる竹垣《たけがき》や、見通せる「四つ目垣《がき》」などがあります。

「四つ目垣《がき》」は、あいだから向《む》こうが見通せます。

熊手《くまで》

落《お》ち葉《ば》やごみなどをかき集《あつ》める、外用の掃除道具《そうじどうぐ》です。割《わ》った竹を扇状《おうぎじょう》に広げた先端《せんたん》は、かきこみやすいように熱処理《ねつしょり》で曲《ま》げてあります。

『絵本倭比事《えほんやまとひじ》』（江戸時代《えどじだい》）。熊手《くまて》で落《お》ち葉《ば》をかき集《あつ》めています。そばの落《お》ち葉《ば》入れは、竹かごです。

今も続《つづ》いている 手作りのすだれ

「深川江戸資料館《ふかがわえどしりょうかん》」（東京都江《とうきょうとこう》東区《とうく》）で実演《じつえん》された、すだれ製作《せいさく》のようす。すだれ職人《しょくにん》は、豊田勇《とよだいさむ》さん。地元で長く作り続《つづ》けています。片方《かたほう》の手で手もとの素材《そざい》をおさえ、もう片方《かたほう》の手で投《な》げ玉《だま》（糸を巻《ま》いてぶら下げている重《おも》り）を強《つよ》く放《ほう》ると、糸がしまります。

すだれ

日光をさえぎり、仕切《しき》りにもなる道具《どうぐ》。軒先《のきさき》などにたらします。すきまがある編《あ》みなので、通風が良《よ》く、この長所《ちょうしょ》を生かして、夏に多く使《つか》われてきました。材料《ざいりょう》は、竹にかぎらず、ヨシ、アシ、ガマなども使用《しよう》されます。

『職人歌合画本《しょくにんうたあわせえほん》』（江戸時代《えどじだい》）。すだれを編《あ》んでいるところ。この編《あ》み方《かた》を、今も続《つづ》けている職人《しょくにん》がいます。

豊田《とよだ》さんが製作《せいさく》したすだれ。マダケを割《わ》って編《あ》まれた中に、店名の３文字が読めます。まさに職人《しょくにん》わざ。

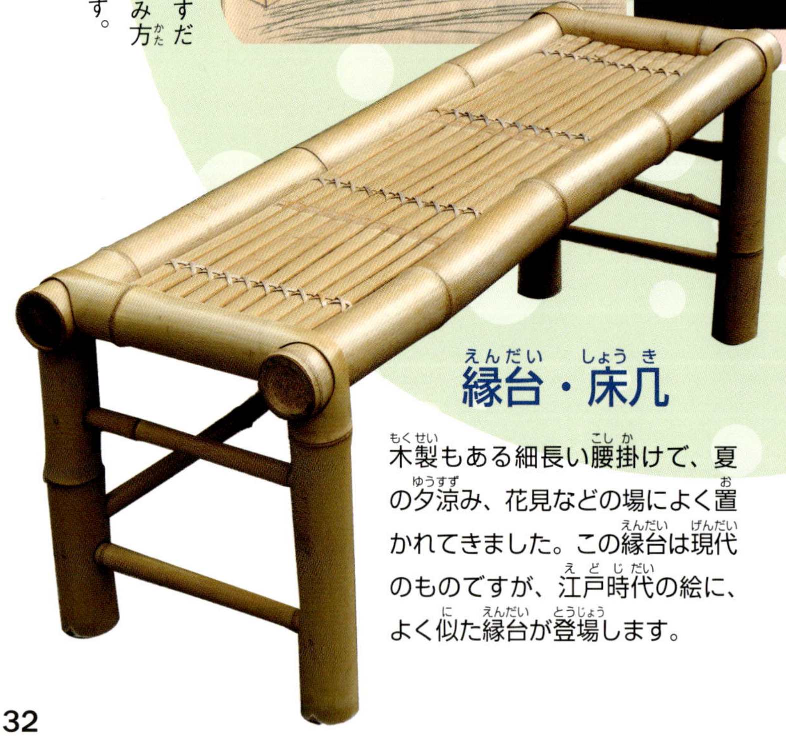

縁台《えんだい》・床几《しょうき》

木製《もくせい》もある細長い腰掛《こしか》けで、夏の夕涼《ゆうすず》み、花見などの場によく置《お》かれてきました。この縁台《えんだい》は現代《げんだい》のものですが、江戸時代《えどじだい》の絵に、よく似《に》た縁台《えんだい》が登場《とうじょう》します。

『絵本貝歌仙《えほんかいかせん》』（江戸時代《えどじだい》）。女性《じょせい》が縁台《えんだい》に腰《こし》をかけて、くつろいでいます。

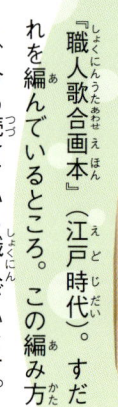

和《わ》がさ・ちょうちん うちわの骨《ほね》

『江戸風俗東錦絵《えどふうぞくあずまにしきえ》 当世夏景ノ図《とうせいなつけいのず》』（江《え》戸時代《どじだい》）。１本の和《わ》がさに、たくさんの竹骨《たけぼね》が使《つか》われています。

３点とも、竹のいいところ、和紙《わし》のいいところを合わせて作った道具《どうぐ》。竹は、曲《ま》がる、弾力《だんりょく》がある、などの長所《ちょうしょ》を生かし、それぞれの重要《じゅうよう》な「骨《ほね》」として用いられています。

和《わ》がさの骨《ほね》

平安時代《へいあんじだい》の絵巻物《えまきもの》に和《わ》がさが描《えが》かれていますが、開閉《かいへい》できないものでした。開閉《かいへい》できる和《わ》がさは、江戸時代《えどじだい》にかさ職人《しょくにん》の手で量産《りょうさん》され、一般庶民《いっぱんしょみん》にまで広まりました。竹は、骨《ほね》だけでなく、柄《え》にも使《つか》われました。

ちょうちんの骨《ほね》

ちょうちんは、夜道を照《て》らす携帯用《けいたいよう》のあかりです。竹ひごを丸く曲《ま》げて骨《ほね》にしています。便利《べんり》な折《お》りたたみ式《しき》で、使《つか》うときは、中にろうそくを立てて、先のしんに火をつけます。

←江戸時代《えどじだい》の浮世絵《うきよえ》（題名不明《だいめいふめい》）。少し折《お》りたたんだところで、火のついたろうそくが見えます。

うちわの骨《ほね》

あおいで風を送る道具《どうぐ》。和《わ》がさとちょうちんは、柄《え》と骨《ほね》を別々《べつべつ》に作りますが、うちわの多くは、柄《え》の先をさいて、そのまま骨《ほね》にしています。

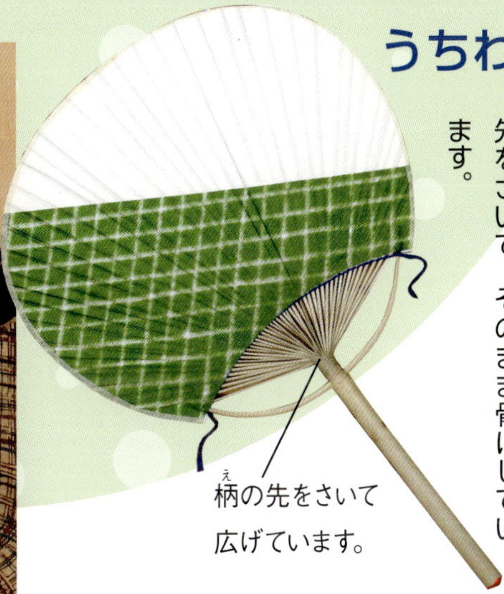

建材《けんざい》

古《ふる》い日本家屋《にほんかおく》の多くは木造建築《もくぞうけんちく》ですが、木だけでなく、そのほかの天然素材《てんねんそざい》もふんだんに用いられてきました。木にはない特長《とくちょう》を持《も》っている竹も、建築用材《けんちくようざい》として、さまざまなところに使《つか》われてきました。

木舞《こまい》

←はがれた土壁《つちかべ》から見える、竹の木舞《こまい》。

壁《かべ》の下地で、細木《わ》や割《わ》った竹を、たて横《よこ》に組んで作ります。上に壁土《かべつち》をぬると、見えなくなりますが、強度《きょうど》を保《たも》つ重要《じゅうよう》な役割《やくわり》をはたしています。

竹の窓《まど》

窓枠《まどわく》の中に、竹をたてに等間隔《とうかんかく》にならべています。昔《むかし》の家屋《かおく》の窓《まど》に、よく見られます。

簀《す》の子縁《こえん》

『慕帰絵々詞《ぼきええことば》』（1351年に制作《せいさく》された絵巻物《えまきもの》『慕帰絵詞《ぼきえことば》』の模写《もしゃ》）。建物《たてもの》のへりに張《は》り出すように作られた通路《つうろ》を「縁側《えんがわ》」といいます。多くは木材《もくざい》で作られますが、竹をならべた縁側《えんがわ》は、「簀《す》の子縁《こえん》」といいます。竹の柱《はしら》も見えます。

竹床《たけゆか》

縁側《えんがわ》だけでなく、屋内《おくない》に竹床《たけゆか》をしいた家もあります。ここは「川崎《かわさき》市立日本民家園《しりつにほんみんかえん》」（神奈川県《かながわけん》）に移築《いちく》、復元《ふくげん》された「旧北村家住宅《きゅうきたむらけじゅうたく》」（江戸時代《えどじだい》の農家《のうか》で、1687年建築《けんちく》）。竹床《たけゆか》の部屋《へや》は、竹組みによるでこぼこをやわらげるために、むしろがしかれていました。

竹たが

たるやたらいの本体は、木の板《いた》で作られています。これらの側面《そくめん》をよく見ると、何枚《なんまい》もの板《いた》が円筒状《えんとうじょう》に組まれていることがわかります。これをしめているものが「たが」です。たがは、銅《どう》などの金属製《きんぞくせい》が用いられるまで、日本では竹で編《あ》んだたがを使っていました。

つけものだるの竹たが

竹たが

たらいの竹たが

竹たが

井戸《いど》の竹たが

竹たが

竹たがミニ知識《ちしき》

材料《ざいりょう》は、マダケがよく使《つか》われます。竹たがは基本《きほん》的《てき》に、長い竹を均一《きんいつ》のはばに割《わ》って、けずり、本体の円周《えんしゅう》に合うたがを先に編《あ》みます。そのあとで、本体にはめて、しめます。（本体に、巻《ま》きながら編《あ》むことはしません。）

この竹たがの製作過程《せいさくかてい》を次のページで紹介《しょうかい》しよう！

おひつの竹たが作り

おけ職人《しょくにん》

田上定行《たうえさだゆき》さん

長野県木曽郡上松町《ながのけんきそぐんあげまつまち》で父の仕事《しごと》を継承《けいしょう》。おけは昔《むかし》ながらの技法《ぎほう》を用いて、材料選《ざいりょうえら》びから完成《かんせい》までひとりで製作《せいさく》。

竹たがが、どのように作られ、本体にしめられるのかを、田上《たうえ》さんの仕事場《しごとば》で見せていただきました。この日の製作《せいさく》は、直径《ちょっけい》18㎝の「三合《ごう》用おひつ」（ご飯《はん》が三合《ごう》入る容器《ようき》）。竹たがは、本体に２つ、ふたに２つ必要《ひつよう》です。ひとつのたがは５重《じゅう》に編《あ》むので、今回は、長さ約《やく》3mの竹（ハチク）が使《つか》われました。

田上《たうえ》さん本人が、竹林《ちくりん》で伐採《ばっさい》。まず４分の１に割《わ》りました。ハチクは、高さ10～15mに成長《せいちょう》する竹で、竹細工の材料《ざいりょう》として、よく利用《りよう》されます。

ひご作り

8分の１に割《わ》る

16分の１に割《わ》る

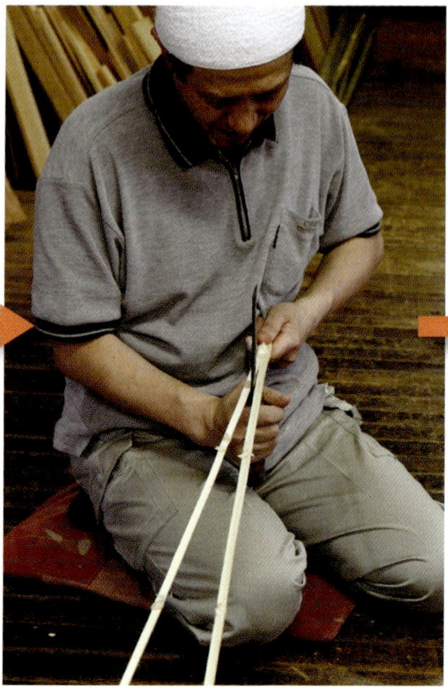

うすくはぐ

１本のひごを編《あ》んで５重《じゅう》にするので、田上《たうえ》さんは、約《やく》3mの長さのまま、割《わ》って、はいでいきました。その作業《さぎょう》は、早くて正確《せいかく》です。「天然素材《てんねんそざい》は、ひとつひとつ、微妙《びみょう》にちがいます。今日のは、素直《すなお》ないい竹ですよ」器用《きよう》に手を動《うご》かしながら話してくれました。

たがを編《あ》む

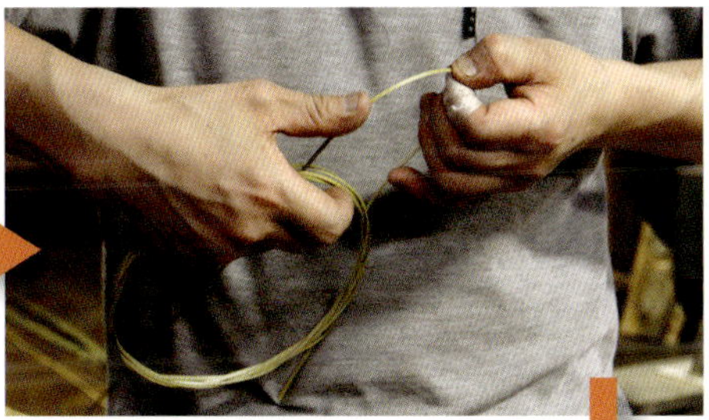

おひつに、たがをはめる

たがにするひごは長いので、立って編《あ》みます。編《あ》み方《かた》は、「組編《くみあ》み」(35ページのつけものだるは、「ねじり編《あ》み」)。その熟練《じゅくれん》のわざは、圧巻《あっかん》。目にも止まらぬ早さで、きれいな編《あ》み目《め》ができていきます。とちゅうでサイズを確認《かくにん》して、また編《あ》んで、できあがったら、おひつに底《そこ》からはめます。そのたがの上部《じょうぶ》に、木の板《いた》を当てて「トントントン」と木づちでたたくと、しまっていきます。本体とふたに、ふたつずつたがをしめたら完成《かんせい》。見《み》事《ごと》なできばえです。

ふた用の竹たがも作って、はめる

おひつ完成《かんせい》！

魚介《ぎょかい》とり

魚介《ぎょかい》とりに使《つか》う竹製《たけせい》の道具《どうぐ》も、昔《むかし》からたくさんあります。ウナギなどをとるウケは、しかけのアイディアを生かした、おもしろい形をしていています。ビクの多くは、魚が飛《と》び出さないように、口をすぼめています。

ウケ

ウナギやドジョウなどをとるためのしかけ。広い口から獲物《えもの》が入りそうな水中に設置《せっち》します。しばらく置《お》いて、獲物《えもの》が中に入っていたら、ウケごと引き上げ、筒《つつ》の先を開いて出します。

ビク

釣《つ》った魚を入れるかご。これは、「竹みがき」（17ページで解説《かいせつ》）されています。

ボテ

イワシ、アジ、サバなど、海釣《うみづ》り用の生きたエサを入れておくかごです。

イケカゴ

とれたてのアワビを入れるかごとして、長く使《つか》われていました。

生《い》け簀《す》かご

↑アサリなどの魚介《ぎょかい》を、しばらく生きたまま入れておくためのかご。「胴丸《どうまる》かご」ともよばれました。

←『東都名所遊覧《とうとめいしょゆうらん》 葉月高輪《はづきたかなわ》』（江戸時代《えどじだい》）。とれたアサリが、かごに入っています。

釣竿《つりざお》

強くて、よくしなる、ホテイチク、ヤダケ、クロチクなどが使《つか》われます。

『駿河舞《するがまい》』（江戸時代《えどじだい》）。釣《つ》り人《びと》が描《えが》かれています。

養蚕《ようさん》

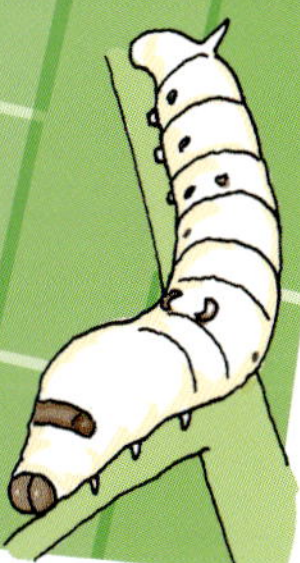

蚕《かいこ》にエサのクワの葉《は》をあたえて飼《か》い、つくらせたマユをとることを「養蚕《ようさん》」といいます。マユから、絹糸《きぬいと》や真綿《まわた》にします。養蚕《ようさん》に使《つか》われていた、竹製《たけせい》の道具《どうぐ》を見てみましょう。

クワカゴ

蚕《かいこ》のエサになるクワの葉《は》をつみ入れて、運《はこ》ぶために使《つか》われた背負《せお》いかご。

『蚕《さん》養《よう》図《ず》会《え》画《え》本《ほん》宝《たから》能《の》縷《いとすじ》』（江《え》戸《ど》時《じ》代《だい》）。クワの葉《は》をつんで、クワカゴに入れているところ。

養蚕《ようさん》かご

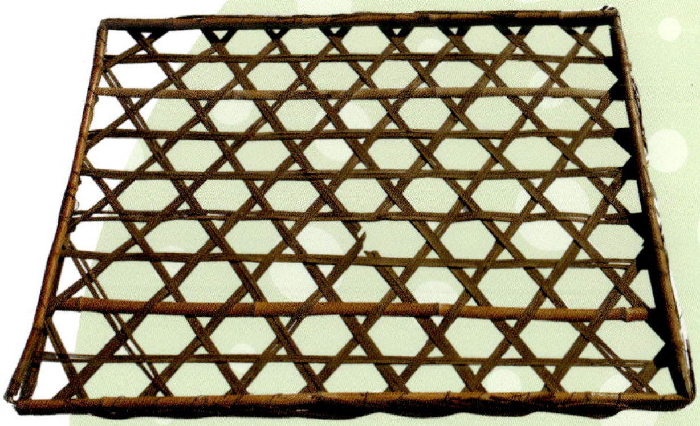

竹で編《あ》まれた目のあらいかご。この上に、うすいござや紙《かみ》をしいて蚕《かいこ》をのせ、クワの葉《は》をあたえて育《そだ》てました。

『蚕飼《かいこか》ひの図《ず》 桑葉《くわのは》を与《あた》ふるの図《ず》』（江戸時代《えどじだい》）。軽《かる》くてあつかいやすい、竹の養蚕《ようさん》かごが使《つか》われています。

マユカゴ

このかごは、明治時代中期《めいじじだいちゅうき》から昭和《しょうわ》10年ごろまで使用《しよう》。木綿《もめん》のふくろにマユをつめて、かごに入れ、馬の鞍《くら》の両側《りょうがわ》に縄《なわ》でくくりつけて運《はこ》びました。

おもちゃ遊具《ゆうぐ》

古来、生活に役立《やくだ》つ竹の道具《どうぐ》がたくさん生み出されてきました。でも、実用品《じつようひん》ばかりではありません。子どもたちが遊《あそ》ぶ道具《どうぐ》も、竹を使《つか》ったものが数多く誕生《たんじょう》してきました。その一部《いちぶ》を紹介《しょうかい》しましょう。

水でっぽう

竹の、中が空洞《くうどう》で節《ふし》を持《も》つ特徴《とくちょう》を生かした遊《あそ》び道具《どうぐ》。竹筒《たけづつ》に水を入れるときは、①を②におしこんだまま、先端《せんたん》を水中に入れて、①をゆっくり引きます。

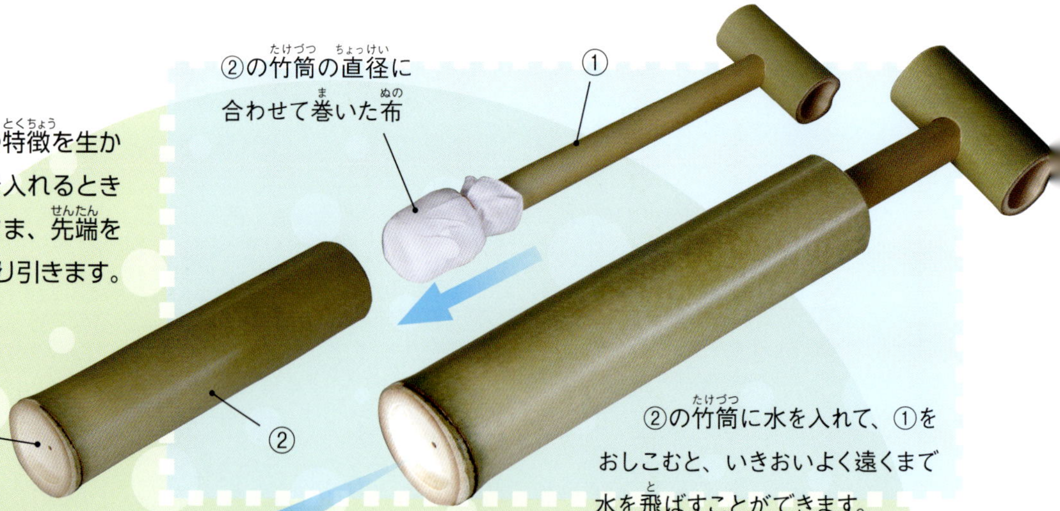

②の竹筒《たけづつ》に水を入れて、①をおしこむと、いきおいよく遠くまで水を飛《と》ばすことができます。

竹とんぼ

羽と竹ひごの合体型《がったいがた》。竹ひごを、両《りょう》方《ほう》の手のひらにはさんで、右の手のひらを強くおし出すと、羽が回転《かいてん》して飛《と》び上がります。

羽だけを飛《と》ばす竹とんぼもあるよ

羽と竹ひごの分離型《ぶんりがた》。飛《と》ばし方は同じで、羽だけを飛《と》ばします。

『子供遊竹馬尽し《こどもあそびたけうまづくし》』（江戸《えど》時代《じだい》）。竹馬を、みんなで楽しんでいます。

ガリガリ

のこぎりの歯《は》のようなところ（①）に②をあてて、何度も往復《おうふく》させてこすると、①の先端《せんたん》に取《と》りつけた羽に振動《しんどう》が伝《つた》わり、クルクル回ります。

竹ぽっくり

竹に乗《の》って、ひもを交互《こうご》に引き上げながら歩きます。竹を、空き缶《かん》などにかえて作ることもできます。左下の絵の中に、似《に》た遊具《ゆうぐ》があります。乗っているのは、アワビの貝殻《かいがら》でしょうか。

竹たが回し

おけなどの竹たが（35～37ページで解説《かいせつ》）の輪《わ》に、先端《せんたん》が二またになった棒《ぼう》をあて、おして回して遊《あそ》びます。「輪転《わころ》がし」ともいいます。

『江戸自慢三十六興《えどじまんさんじゅうろくきょう》 日本橋初鰹《にほんばしはつがつお》』

竹馬

二種類《しゅるい》あります。ひとつは、左の絵や写真《しゃしん》のように、2本の竿竹《さおだけ》を使《つか》い、取りつけた横木《よこぎ》に乗《の》って歩く遊《あそ》びです。室町時代《むろまちじだい》の芸能《げいのう》に原型《げんけい》がみられます。もうひとつは、下の絵のように、1本の笹竹《ささだけ》に手綱《たづな》をつけて、またがって走る遊《あそ》びです。平安時代《へいあんじだい》の文献《ぶんけん》に見られる竹馬は、こちらの方といわれています。

鎌倉時代後期《かまくらじだいこうき》の竹馬？

『骨董集《こっとうしゅう》』（江戸時代《えどじだい》）。鎌倉時代後期《かまくらじだいこうき》の絵を写《うつ》したと書かれています。

鳥かご・虫かご

現在《げんざい》、野鳥を飼《か》うことは、法律《ほうりつ》により原則禁《げんそくきん》じられていますが、昔《むかし》は、鳥かごで野鳥を飼育《しいく》していました。かごは竹製《たけせい》が多く、美《うつく》しい鳥かごで鳥を飼い、持《も》ち寄《よ》って自慢《じまん》の鳥やかごを競《きそ》うこともしました。虫の鳴き声が響《ひび》き渡《わた》る秋には、わざわざ鳴き声を聞きに行ったり、虫かごで飼《か》ったりしました。

『当世娘三十六花《とうせいむすめさんじゅうろくか》せんのうち杜若《かきつばた》』（江戸時代《えどじだい》）。鳥かごからにげた鳥が、カキツバタの方に見えます。

鳥かご

細い円筒型《えんとうけい》の竹ひごをたくさん使《つか》って組んだ鳥かごです。同様《どうよう》の形は、江戸《えど》時代《じだい》の絵にも描《えが》かれていて、昭和《しょうわ》になってもよく見られました。中に鳥が乗《の》る、止まり木が２本見えます。

虫かご

小さな虫も飼《か》えるように、鳥かごより細い竹ひごが使《つか》われ、間隔《かんかく》もつめて組まれています。江戸時代《えどじだい》は、ホタルがいちばん人気で、スズムシ、バッタなどがよく飼《か》われました。

1351年（室町時代《むろまちじだい》）に制作《せいさく》された絵《え》巻物《まきもの》『慕帰絵詞《ぼきえことば》』の模写《もしゃ》。絵巻物《えまきもの》には、丸い鳥かごがよく登場《とうじょう》します。

竹で作られた虫

竹で作られた、ショウリョウバッタ。ピョンと、飛《と》んでいきそうです。

笛《ふえ》・スリザサラ

竹笛《たけぶえ》

横笛《よこぶえ》の一種《いっしゅ》。「篠笛《しのぶえ》」ともよばれます。材料《ざいりょう》に使《つか》われる竹は、篠竹《しのだけ》（メダケなど）です。簡素《かんそ》な管楽器《かんがっき》として、お祭《まつ》りや歌舞伎《かぶき》などの伝統芸能《でんとうげいのう》に用いられてきました。

和楽器《わがっき》にも、竹が利用《りよう》されています。とくに竹笛《たけぶえ》は、比較的《ひかくてき》かんたんに作ることができて、庶民《しょみん》も楽しめました。

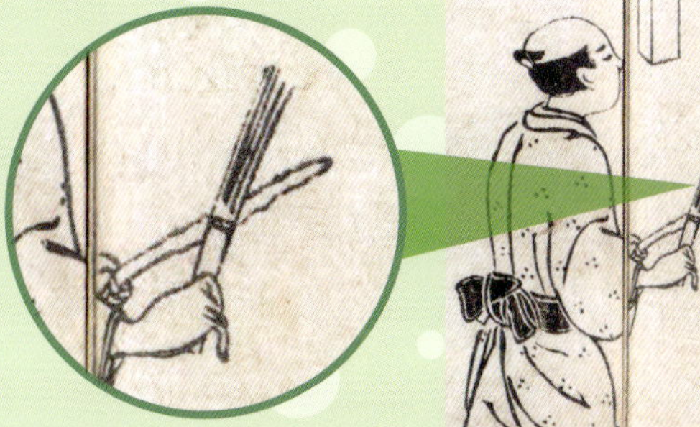

『絵本諸芸錦《えほんしょげいにしき》』（江戸時代《えどじだい》）。竹笛《たけぶえ》を吹《ふ》きながら、大道芸《だいどうげい》をひろうしています。スリザサラも見えます。

スリザサラ

長さ30㎝くらいの竹の約半分を細くさいたものと、木の棒《ぼう》（あるいは、きざみ目を入れた竹の棒《ぼう》）を持《も》ち、すり合わせたり、たたいたりして音を出す楽器《がっき》。「ササラ」ともよばれ、独特《どくとく》の音とともに、演奏時《えんそうじ》の動《うご》きも楽しみました。

尺八《しゃくはち》

中国から伝《つた》わり、奈良時代《ならじだい》から用いられてきた管楽器《かんがっき》。長さが昔《むかし》の単位《たんい》で一尺八寸《しゃくすん》（約《やく》54.5㎝）だったことから、この名前になりました。マダケの根元部分《ねもとぶぶん》を切って作るので、先が太い、独特《どくとく》の形状《けいじょう》をしています。

『人倫訓蒙図彙《じんりんきんもうずい》』（江戸時代《えどじだい》）。虚無僧《こむそう》（仏教《ぶっきょう》〔普化宗《ふけしゅう》〕の修行者《しゅぎょうしゃ》）が、尺八《しゃくはち》を吹《ふ》いています。

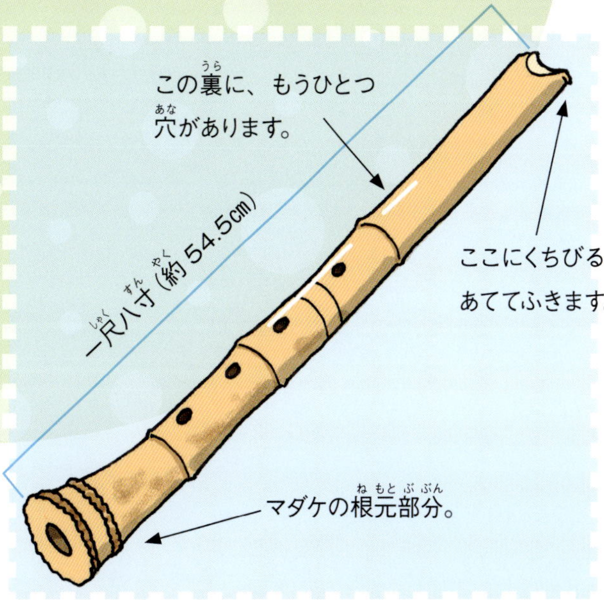

茶道具《ちゃどうぐ》
花入れ

喫茶《きっさ》（茶を飲《の》むこと）は、奈良時代《ならじだい》か平安《へいあん》時代《じだい》に、中国から伝《つた》わりました。作法《さほう》と精神《せいしん》を重《おも》んじる茶道は、室町時代《むろまちじだい》に日本ではじまりました。茶道、茶室で使《つか》われる竹の道具《どうぐ》を見てみましょう。

茶碗《ちゃわん》の中に抹茶《まっちゃ》を入れ、湯《ゆ》をそそいで、泡立《あわだ》つようにかき回す道具《どうぐ》です。おもな材料《ざいりょう》はハチクで、細くさいた竹の先端《せんたん》は、内側《うちがわ》に曲《ま》げられています。

茶筅《ちゃせん》（茶道具《ちゃどうぐ》）

茶杓《ちゃしゃく》（茶道具《ちゃどうぐ》）

抹茶《まっちゃ》をすくうさじです。小さな竹の道《どう》具《ぐ》ですが、つくりなどにこだわりをもつ人がいます。茶道では、大切な道具《どうぐ》のひとつです。

花入れ

茶会の主催者《しゅさいしゃ》が客《きゃく》をまねいて茶を出し、もてなすところを茶室といいます。多くの茶会では、茶室に竹製《たけせい》などの花入れが用意され、四季折々《しきおりおり》の花がいけられます。

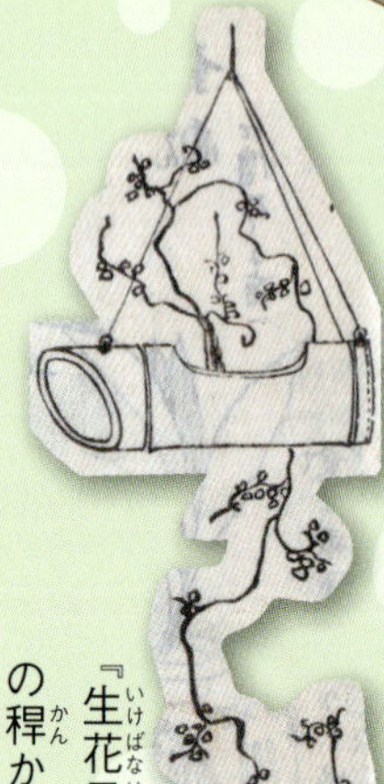

『生花早指南《いけばなはやしなん》』（江戸時代《えどじだい》）。二点とも竹の稈《かん》から作った花入れで、立つ花入れと、つるす花入れが描《えが》かれています。

→花入れだけでも鑑賞用《かんしょうよう》になるほど、美《うつく》しく繊細《せんさい》に編《あ》まれています。

↓「やたら編《あ》み」または「乱《みだ》れ編《あ》み」とよばれる、独特《どくとく》の編《あ》み方《かた》です。職人《しょくにん》わざに魅了《みりょう》されます。

年中行事《ねんちゅうぎょうじ》

（七夕《たなばた》かざり・酉《とり》の市《いち》の熊手《くまで》）

成長《せいちょう》が早い、表面《ひょうめん》がつややか、弾力性《だんりょくせい》に富《と》むなど、竹の特徴《とくちょう》をあげると、ほかの植物《しょくぶつ》にはない生命力《せいめいりょく》や神秘性《しんぴせい》を感《かん》じます。昔《むかし》の人たちは、竹を神聖《しんせい》なもの、縁起《えんぎ》のいいものとして、さまざまな年中行事《ねんちゅうぎょうじ》に用いてきました。

『絵本吾妻抉《えほんあずまからげ》』（江戸時代《えどじだい》）。庭先《にわさき》で、願《ねが》い事《ごと》を書いた短《たん》冊《ざく》を笹竹《ささだけ》に結《むす》び、七夕《たなばた》のかざりつけをする子どもたち。

七夕《たなばた》まつり
（宮城県仙台市《みやぎけんせんだいし》）

竹は、神聖《しんせい》なものと考えられてきました。仙台市《せんだいし》では笹竹《ささだけ》を用いて、江戸時代《えどじだい》から盛大《せいだい》な七夕行事《たなばたぎょうじ》が続《つづ》けられています。

七夕《たなばた》かざり

七夕《たなばた》は、１年のうち７月７日の夜だけ会えるという、牽牛《けんぎゅう》と織女《しょくじょ》の恋物語《こいものがたり》で知られる中国の伝説《でんせつ》だけでなく、ほかの日本の伝説《でんせつ》なども合わさって続《つづ》いている行事《ぎょうじ》です。笹竹《ささだけ》の七夕《たなばた》かざりは、日本独自《どくじ》の風習《ふうしゅう》で、細長い「短冊《たんざく》」とよばれる紙に、願《ねが》い事《ごと》を書いて結《むす》びつけたり、ほかのかざりものをつけたりします。

酉《とり》の市《いち》
（東京都練馬区《とうきょうとねりまく》）

平成《へいせい》元年 11 月の酉《とり》の市《いち》。江戸時代《えどじだい》のものと比《ひ》較《かく》すると、本体の熊手《くまで》が見えなくなるほど、色とりどりのかざりがたくさん取《と》りつけられています。

酉《とり》の市《いち》の熊手《くまで》

31 ページでは、掃除道具《そうじどうぐ》の熊手《くまで》を紹介《しょうかい》しました。熊手《くまで》は、運《うん》や福《ふく》もかきこむものとして、かざりをつけた縁起《えんぎ》物《もの》にもなり、鷲神社《おおとりじんじゃ》などで毎年 11 月に行われる、酉《とり》の市《いち》のお祭《まつ》りで売られるようになりました。買い手の多くは、商売繁盛《しょうばいはんじょう》を願《ねが》う人です。

江戸時代《えどじだい》のものを再現《さいげん》。おかめ、四手《して》でかざっています。

さくいん

あ

青物《あおもの》 …… 23
網代《あじろ》編《あ》み …… 12,16,29
イケカゴ …… 38
生《い》け簀《す》かご …… 38
ウケ …… 38
うちわの骨《ほね》 …… 33
運搬用《うんぱんよう》かご …… 19
縁台《えんだい》 …… 32
オカメザサ …… 7
鬼《おに》おろし …… 10
鬼《おに》すだれ …… 11
おひつ …… 36,37

か

垣根《かきね》 …… 31
角《かく》ざる …… 12
かけひ（懸樋・筧） …… 30
駕籠《かご》 …… 20
かご目編《あ》み …… 29
ガリガリ …… 41
稈《かん》 …… 7,8,9,11,30,44
菊底《きくぞこ》編《あ》み …… 13, 29
キッコウチク …… 7
キンメイモウソウ …… 7
クマザサ …… 7
熊手《くまで》 …… 31
組《くみ》編《あ》み …… 37
クロチク …… 7,38
クワカゴ …… 39
ござ目編《あ》み …… 12,29
腰《こし》かご …… 18
腰《こし》びく …… 18
木舞《こまい》 …… 34
こまさらい …… 21
米《こめ》揚《あ》げざる …… 14
御用《ごよう》かご …… 19

さ

ササ …… 7
笹竹《ささだけ》 …… 41,45
ササラ …… 11
ざる編《あ》み …… 12,29
ししおどし …… 30
七味《しちみ》入《い》れ …… 11
篠笛《しのぶえ》 …… 43
尺八《しゃくはち》 …… 43
しゃもじ …… 10
収穫用《しゅうかくよう》かご …… 19
床几《しょうぎ》 …… 32
白物《しろもの》 …… 23
すいのう …… 13
スズタケ …… 12,16
すだれ …… 32
簀《す》の子縁《こえん》 …… 34
炭《すみ》かご …… 16
スリザサラ …… 43
製竹工場《せいちくこうじょう》 …… 22,23
背負《せお》いかご …… 18,39
節間《せつかん》 …… 8
添水《そうず》 …… 30
そば・うどんふり …… 13

た

たが …… 35
竹馬 …… 41
竹垣《たけがき》 …… 31
竹ぐし …… 10
竹たが …… 35,36,37,41
竹たが回し …… 41
竹とんぼ …… 40
タケノコ …… 4,6,8,22
竹の皿《さら》 …… 11
竹のしゃもじ入れ …… 10
竹のはし …… 11
竹の風鈴《ふうりん》 …… 31
竹の窓《まど》 …… 30,34
竹の物《もの》差《さ》し …… 21
竹ひご（ひごをふくむ） …… 9,11,12,17,24,25,26,27,28,33,36,37,40,42

竹笛《たけぶえ》 …… 43
竹ぼうき …… 30
竹ぽっくり …… 41
竹みがき …… 17,38
竹床《たけゆか》 …… 34
七夕《たなばた》かざり …… 45
タンガラ …… 18
茶こし …… 13
茶杓《ちゃしゃく》 …… 44
茶筅《ちゃせん》 …… 44
ちょうちんの骨《ほね》 …… 33
ついかご …… 17
釣竿《つりざお》 …… 7,38
手さげかご …… 17
テレンカゴ …… 20
天秤棒《てんびんぼう》 …… 20
籐《とう》 …… 26,28
胴丸《どうまる》かご …… 38
鳥かご …… 42
酉《とり》の市《いち》の熊手《くまて》 …… 45

な

苗《なえ》かご …… 19
ねじり編《あ》み …… 37

は

はたき（柄《え》） …… 21
ハチク …… 36,44
花入れ …… 44
バンブー …… 8
ビク …… 38
ひご（竹ひごをふくむ） …… 9,11,12,17,24,25,26,27,28,33,36,37,40,42
ひしゃく …… 11
菱《ひし》四つ目かご …… 26,28
火《ひ》吹《ふ》き竹《だけ》 …… 10
節《ふし》 …… 6,8,9,10,11,30,40
筆軸《ふでじく》 …… 21
ふるい …… 15
弁当行李《べんとうごうり》 …… 16
ボテ …… 38
棒手振《ぼてふり》 …… 20
盆《ぼん》ざる …… 12

ま

巻《ま》きす …… 11
孫《まご》の手《て》 …… 21
マダケ …… 6,8,9,10,21,22,23,24,28,32,35,43
マユカゴ …… 39
箕《み》 …… 15
水でっぽう …… 40
味噌《みそ》こし …… 13
虫かご …… 42
六つ目編《あ》み …… 16,29
飯《めし》かご …… 17
モウソウチク …… 4,6,8
物干《ものほ》し竿《ざお》 …… 30

や

野菜《やさい》入れ用《よう》かご …… 16
ヤダケ …… 7,21,38
八つ目編《あ》み …… 29
湯切《ゆぎ》りざる …… 13
養蚕《ようさん》かご …… 39
四つ目編《あ》み …… 29
四つ目垣《がき》 …… 31

わ

和《わ》がさの骨《ほね》 …… 33
わんかご …… 16

著者　深光 富士男（ふかみつ ふじお）

1956年、山口県生まれ島根県出雲市育ち。光文社雑誌記者などを経て、1984年に編集制作会社「プランナッツ」を設立。出版物編集制作業務を柱に、自らもノンフィクション系図書の著者として、取材・撮影・執筆活動を続けている。主な著書に『あかりの大研究』『明治維新がわかる事典』『食料自給率がわかる事典』『鎌倉・横浜がわかる事典』（以上、PHP研究所）、『日本を守る安全のエキスパート（全6巻）』『金田一先生の日本語教室（全7巻）』『日本の年中行事（全6巻）』（以上、学研）、『新・みぢかなくらしと地方行政（第一期中4冊・第二期中4冊）』（リブリオ出版）、『サンシャイン水族館 リニューアル大作戦』『成田国際空港 フライト準備OK！』『ミッドタウン・タワー 超高層ビル248mへの道』『ハイパーレスキュー 災害現場へ走れ！』『毎日新聞社 記事づくりの現場』『東京メトロ 大都会をめぐる地下鉄』『日本気象協会 気象予報の最前線』『静岡放送 テレビ番組制作の舞台裏』『アドベンチャーワールド パンダをふやせ！』（以上、佼成出版社）など。本文執筆に『すっきりわかる！【江戸明治】昔のことば大事典』（くもん出版）、編著に『沖縄美ら海水族館物語』（PHP研究所）がある。

写真撮影
深光富士男
平野芳弘
日野道生
本文レイアウト・図版・イラスト
田中晴美
装丁
久住和代
編集制作
有限会社プランナッツ

掲載写真・絵画・取材協力（敬称略・順不同）
川崎市立日本民家園
民具製作技術保存会（竹細工グループ）
江東区深川江戸資料館
千葉県立房総のむら
有限会社藤倉商店
新宿区立新宿歴史博物館
仙台市歴史民俗資料館
国立国会図書館
平野資料館
永井製竹株式会社
練馬区
別府市
秋吉時弘
田上定行
豊田勇

自然の材料と昔の道具 1　竹でつくる

2016年3月　第1刷発行　　2025年9月　第6刷発行

著　者／深光富士男
発行者／佐藤洋司
発行所／株式会社　さ・え・ら書房
〒162-0842 東京都新宿区市谷砂土原町 3-1　Tel.03-3268-4261
https://www.saela.co.jp/
印刷所／株式会社　光陽メディア
製本所／東京美術紙工

ISBN978-4-378-02451-6　NDC583